KB242786

최소한의
초등 고전
인문학의 힘

생각의 근육을 키우는 어휘력·문해력·논리력 수업

최소한의 초등 고전 인문학의 힘

1판 1쇄 발행 2026년 3월 30일

지은이	엄인정, 신영서
감수	김슬옹
펴낸이	애슐리
편집	이아린
디자인 및 그린이	신병근
발행처	가로책길
주소	서울시 중구 퇴계로 409
등록	제 2021-000097호
e-mail	garobook@naver.com
ISBN	979-11-93419-09-0(63700)

가로책길 출판사는 독자 여러분의 의견에 항상 정성껏 귀를 기울이고 있습니다. 책을 출간하고 싶은 아이디어가 있으신 분은 언제든지 이메일(garobook@naver.com)로 보내주세요. 잠재된 생각을 가지고 있는 분은 망설이지 말고 출간 문의에 도전하시길 바랍니다.

생각의 근육을 키우는
어휘력·문해력·
논리력 수업
엄인정, 신영서 지음 | 김슬옹 감수
POWER OF READING
최소한의
초등 고전
인문학의 힘
가로책길

동서양 대표 고전 문학으로 문해력, 인문학 사고력 확장하기

독서 인구는 하루가 다르게 줄어가고 쇼츠나 릴스 등 각종 동영상 플랫폼에 익숙해진 시대입니다. 영상 매체는 필요한 정보를 손쉽고 빠르게, 그리고 재미있게 습득할 수 있다는 점에서 장점이 있습니다. 하지만 이해력과 사고력, 문해력과 비판력을 제대로 키우기 위해서는 활자로 된 책에 익숙해져야 합니다. 이것은 오늘날에도 여전히 유효한 진리입니다. 모두가 바쁜 현대 사회에서 쉽고 빠른 길을 두고 왜 먼 길을 돌아가야 하느냐고 묻는다면, 이 길이 정답이며 언뜻 더디게 보이지만 실제로는 지름길이라고 말씀드리고 싶습니다.

우리는 고전 문학을 통해 선조들의 지혜와 생각을 배울 수 있습니다. 또한 오늘날 우리의 삶과는 다른 선조들의 생활 방식과 가치관을 이해하고, 현대적 관점으로 그들의 삶을 바라보면서 이해력과 비판력을 함양할 수 있습니다.

이 책에는 저자가 2022 개정교육과정에 따라 엄선한 동서양 고전 산문 편이 수록되어 있습니다. 고전 산문의 특성상 한자어가 많은 관계로 작품 내용을 점검하고 확인하기 위한 서술형 문제와 작문 능력을 향상하기 위한 문장 만들기, 그리고 비판력과 창의력을 키우기 위한 찬반 토론 문제를 수록했습니다. 또한 독자들의 이해를 돕기 위한 〈함께하는 인문학 수업〉을 통해 단순한 고전 산문 학습을 넘어 인문학 수업으로 심화, 확장할 수 있도록 했습니다.

쉽게 얻은 정보는 그만큼 쉽게 휘발되며 우리의 사고 체계에 미치는 영향력도 미미합니다. 내면의 가치를 단단하게 만들기 위해서는 활자의 힘이 반드시 필요합니다. 그러므로 독자들은 차분하게 한 걸음 한 걸음 정도(正道)를 걸으며 우리 선조들의 지혜가 담긴 이 책과 함께하기를 바랍니다. 모쪼록 이 책이 여러분이 현재를 살아가고 더 나은 미래를 계획하는 데 작은 힘이 되었으면 좋겠습니다.

• 저자 엄인정, 신영서

이 책의 구성과 특징

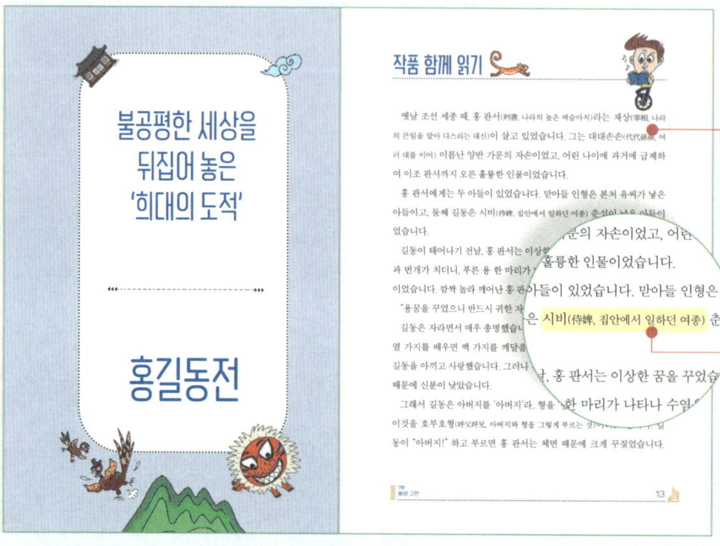

작품 함께 읽기
초등학생이 꼭 읽어야 할 동서양 고전을 어린이 눈높이에 맞게 쉽게 풀어 쓰고, 고전 특유의 분위기는 살리면서도 재미있게 읽을 수 있도록 새롭게 구성했습니다.

문해력을 높여주는 어휘
고전 문학 속 어려운 어휘는 본문 안에서 쉽고 간결하게 풀이해 내용 이해를 돕습니다.

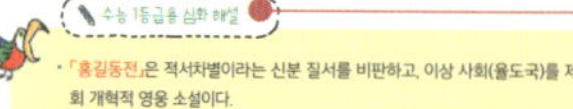

본문 속 삽화
고전 문학의 이해를 돕기 위해 작품의 주요 장면을 살린 재미있는 삽화를 함께 담았습니다.

수능 1등급용 심화 해설
각 작품마다 수능 1등급 해설을 수록해 문해력과 논리력, 독해력을 한 단계 끌어올리도록 했습니다.

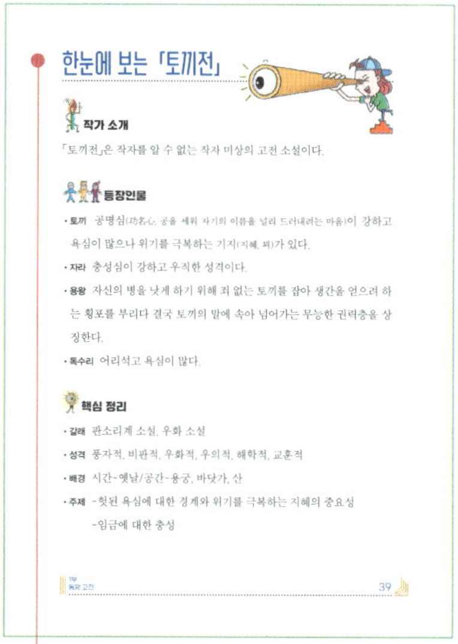

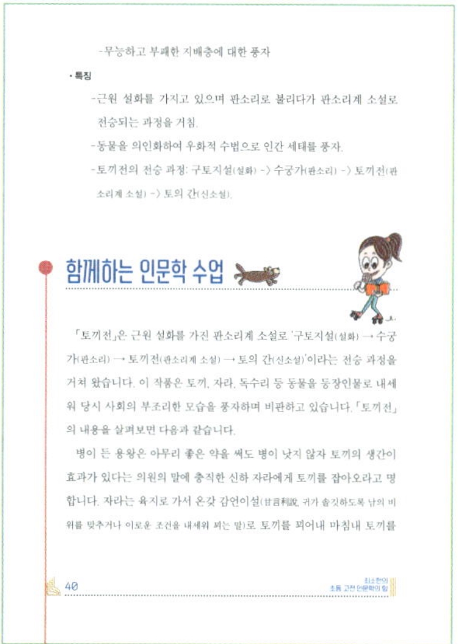

한눈에 보는 「○○○」

작가 소개와 작품의 핵심 정리를 통해 감상의 폭을 넓히고 내용을 다시 정리합니다.

함께하는 인문학 수업

고전이 탄생한 시대와 사회적 배경을 함께 살펴보며 인문학적 관점에서 작품을 깊이 있게 이해하도록 돕습니다.

생각하는 힘 기르기

주어진 어휘로 문장을 만들며 작문 능력을 기르고, 동시에 한자어 학습을 병행하며, 서술형, 찬반 토론 문제를 통해 이해력, 논리력, 비판력을 향상합니다.

차례

1부 동양 고전

2부 서양 고전

1부
동양 고전

불공평한 세상을
뒤집어 놓은
'희대의 도적'

홍길동전

작품 함께 읽기 

　옛날 조선 세종 때, 홍 판서(判書, 나라의 높은 벼슬아치)라는 재상(宰相, 나라의 큰일을 맡아 다스리는 대신)이 살고 있었습니다. 그는 대대손손(代代孫孫, 여러 대를 이어) 이름난 양반 가문의 자손이었고, 어린 나이에 과거에 급제하여 이조 판서까지 오른 훌륭한 인물이었습니다.

　홍 판서에게는 두 아들이 있었습니다. 맏아들 인형은 본처 유씨가 낳은 아들이고, 둘째 길동은 시비(侍婢, 집안에서 일하던 여종) 춘섬이 낳은 아들이었습니다.

　길동이 태어나기 전날, 홍 판서는 이상한 꿈을 꾸었습니다. 하늘에 천둥과 번개가 치더니, 푸른 용 한 마리가 나타나 수염을 세우고 달려드는 꿈이었습니다. 깜짝 놀라 깨어난 홍 판서는 기쁜 마음으로 생각했습니다.

　"용꿈을 꾸었으니 반드시 귀한 자식이 태어나겠구나."

　길동은 자라면서 매우 총명했습니다. 한 가지를 배우면 열 가지를 알고, 열 가지를 배우면 백 가지를 깨달을 만큼 똑똑했습니다. 홍 판서도 그런 길동을 아끼고 사랑했습니다. 그러나 길동은 서자(庶子, 첩이 낳은 아들)였기 때문에 신분이 낮았습니다.

　그래서 길동은 아버지를 '아버지'라, 형을 '형'이라 부르지 못했습니다. 이것을 호부호형(呼父呼兄, 아버지와 형을 그렇게 부르는 것)이라고 합니다. 길동이 "아버지!" 하고 부르면 홍 판서는 체면 때문에 크게 꾸짖었습니다.

종들까지 길동을 업신여겼습니다.

길동은 마음속 깊은 한(恨, 풀리지 않는 슬픔)을 품고 탄식(歎息, 한숨 쉬며 슬퍼함)했습니다.

"대장부가 세상에 태어났다면 공맹(孔孟, 공자와 맹자)의 가르침을 따르거나, 병법을 익혀 큰 공을 세워 입신양명(立身揚名, 이름을 세상에 떨침)해야 하지 않겠는가? 나는 왜 아버지를 아버지라 부르지도 못하는가!"

한편, 홍 판서의 첩 초란은 길동을 몹시 질투했습니다. 자신은 아들이 없는데, 길동이 총애(寵愛, 특별한 사랑)를 받는 것이 미웠기 때문입니다. 초란은 무녀와 관상녀와 함께 흉계(凶計, 나쁜 꾀)를 꾸몄습니다.

관상녀는 홍 판서에게 말했습니다.

"길동은 왕의 기상이 있으나, 자라면 집안의 화근(禍根, 화를 불러오는 원인)이 될 것입니다."

이 말을 믿은 홍 판서는 길동을 없애기로 마음먹었습니다. 자객을 보냈지만, 길동은 용감하게 맞서 자객을 물리쳤습니다. 그리고 흉계를 꾸민 관상녀도 벌을 받았습니다. 그러나 길동은 아버지가 사랑하는 초란은 해치지 않았습니다.

나중에 진실을 알게 된 홍 판서는 초란을 내쫓고 길동에게 호부호형을 허락했습니다. 하지만 길동의 마음속 상처는 쉽게 낫지 않았습니다. 그는 부모님께 하직(下直, 떠나기 전 인사)을 하고 집을 떠났습니다.

길동은 산과 들을 떠돌다가 큰 바위 아래 숨겨진 돌문을 발견했습니다. 문을 열자 넓은 평야와 수백 채의 집이 나타났습니다. 그곳은 도적들이 모여 사는 마을이었습니다.

도적들은 힘이 센 사람을 우두머리로 뽑으려 했습니다.

"저 큰 돌을 들어 보시오!"

길동은 천 근이나 되는 돌을 번쩍 들어 수십 걸음을 옮기다 던졌습니다. 사람들은 깜짝 놀랐습니다.

"과연 장사로다! 하늘이 우리에게 장군을 보내셨도다!"

그들은 길동을 상석(上席, 가장 높은 자리)에 앉히고, 흰 말을 잡아 언약을 맺었습니다. 길동은 활빈당(活貧黨, 가난한 사람을 살린다는 뜻의 무리)의 수장(首長, 우두머리)이 되었습니다.

길동은 군법을 엄하게 세우고, 무예를 가르치며 질서를 바로잡았습니다. 활빈당은 탐관오리(貪官汚吏, 욕심 많고 나쁜 관리)의 재물을 빼앗아 가난한 백성들에게 나누어 주었습니다. 백성들은 길동을 영웅이라 불렀습니다.

- 「홍길동전」은 적서차별이라는 신분 질서를 비판하고, 이상 사회(율도국)를 제시한 사회 개혁적 영웅 소설이다.
- 활빈당 활동은 도적 행위가 아니라 왜곡된 권력에 대한 정의 구현이다.
- 율도국 건설은 현실 부정이 아니라 대안적 이상 사회의 구체적 설계이다.

하지만 조정에서는 길동을 반역죄(反逆罪, 나라를 거스른 죄)로 다스리려 했습니다. 여러 번 군사를 보내 잡으려 했지만, 길동은 신출귀몰하게 사라졌습니다.

마침내 길동은 임금께 뜻을 전했습니다.

"저를 병조 판서로 임명해 주신다면 활빈당을 거두겠습니다."

병조 판서는 군사를 맡는 매우 높은 벼슬입니다. 조정은 길동을 잡지 못하자 결국 그를 병조 판서로 임명했습니다.

길동은 임금께 예를 갖추어 인사한 뒤, 조선을 떠났습니다. 그는 바다를 건너 새로운 땅에 율도국을 세웠습니다.

율도국에서는 신분 차별이 없었습니다. 양반과 천민이 따로 없고, 모두가 공평하게 살았습니다. 길동은 백성을 사랑하고 어진 정치를 펼쳤습니다. 굶는 사람이 없었고, 억울한 사람이 없었습니다.

길동은 백성을 위해 힘을 다해 나라를 다스렸습니다. 사람들은 그를 어진 임금이라 칭송했습니다.

그러던 어느 날, 길동은 홀연히 자취를 감추었습니다. 사람들은 그가 신선이 되어 하늘로 올라갔다고도 하고, 또 다른 세상으로 떠났다고도 전합니다.

한눈에 보는 「홍길동전」

작가 소개

허균(許筠: 1569~1618)은 조선 중기의 문신이자 문인이며 호는 교산(蛟山)이다. 초당 허엽의 3남 3녀 가운데 막내로 조선조의 유명한 여류 시인이었던 허난설헌(許蘭雪軒)이 그의 누이이다. 대표작으로는 조선시대 사회 모순을 비판한 「홍길동전」이 있으며, 광해군 때 역모죄로 처형되었다.

등장인물

- **홍길동** 양반 아버지와 노비인 어머니 사이에서 태어난 서자로 출신 때문에 부당한 차별 대우를 받는다.
- **홍 판서(홍문)** 길동의 아버지로 좌의정 벼슬까지 오른 인물. 어질고 덕이 많으나 결단력이 부족해 초란의 계략에 넘어간다.
- **춘섬** 노비 출신으로 홍 판서의 첩이자 아들을 지극히 사랑하는 길동의 어머니이다.
- **곡산댁(초란)** 질투와 시기가 많은 홍 판서의 또 다른 첩으로, 길동을 해하려다 계획이 실패하여 쫓겨나는 인물이다.

핵심 정리

- **갈래** 국문 소설, 사회 소설, 영웅 소설

- **배경** 시간-조선 시대/공간-조선, 율도국
- **주제** 모순된 사회 제도의 철폐와 이상 국가 건설
- **특징** - 우리나라 최초의 한글 소설.
  - 사회 제도의 모순과 적서 차별 등 당시 사회의 모습을 반영함.
  - 영웅의 일대기 구조로 구성되었으며 전기적(傳奇的, 기이하여 세상
    에 전할 만한) 성격이 강함.

함께하는 인문학 수업

　「홍길동전」은 신출귀몰(神出鬼沒, 귀신같이 나타났다가 사라진다는 뜻으로, 그
움직임을 쉽게 알 수 없을 만큼 자유자재로 나타나고 사라짐을 비유)하며 탐관오리
들의 재물을 빼앗아 가난하고 착한 사람들에게 나눠주는 '홍길동'이라는
비범한 주인공의 이야기입니다. 조선 광해군 때에 지어진 최초의 한글 소
설이자 '적서 차별의 사회 제도'와 '부패한 정치'를 비판한 작품으로 오늘
날까지 그 가치를 높게 평가받고 있습니다. 「홍길동전」에 반영된 '적서(嫡
庶) 차별 제도'와 '입신양명(立身揚名) 사상'에 대해 살펴볼까요?

　'적서 차별 제도'란 적자와 서자를 불공평하게 대우하는 제도를 말합니
다. '적자(嫡子)'는 양반의 정실부인이 낳은 자식을 말하고, '서자(庶子)'는
양반의 첩의 자손을 뜻하는데, 당시 서자는 출신이 미천하다는 이유로 차

별을 받아 상속권이 없었고, 호부호형을 못 하는 등 자식으로서 제대로 된 대우를 받지 못하였습니다. 또한 과거 시험도 무과(武科)에 한해서만 볼 수 있는 등 사회적 진출에도 제약이 많았습니다. '입신양명'이란 말 그대로 세상을 위해 훌륭한 일을 하고 이름을 남기려는 것입니다. 입신양명 사상에는 유교적 출세주의 사상이 반영되었다고 볼 수 있습니다. 홍길동은 재능이 뛰어났지만 천한 신분인 서자로 태어난 탓에 출세를 할 수 없었고, 아버지 홍 판서를 아버지라 부르지 못하고 형 또한 형이라 부르지 못하는 처지였습니다. 홍길동이 살던 조선 시대는 신분 질서가 엄격한 사회였기 때문입니다. 이러한 사회적 모순은 홍길동에게 가슴속의 한이 되었고, 아버지 홍 판서가 마침내 호부호형(呼父呼兄)을 허락해 서자로서 홍길동의 한은 일부나마 해소되었습니다. 하지만 입신양명의 꿈을 위해 홍길동은 가출을 결심하게 됩니다. 후에 그는 도적 무리의 우두머리가 되는데 이 도적 무리를 '활빈당(活貧黨)'이라 이름 지었습니다. 활빈당은 탐관오리(貪官汚吏)의 재물을 빼앗아 '가난한 백성을 도와주는 의로운 도적 무리'라는 의미를 담고 있습니다.

둔갑술, 축지법, 분신술의 능력을 지닌 홍길동은 일곱 개의 허수아비로 가짜 홍길동을 만들어 전국 팔도를 누비며 활발한 활빈당 활동으로 세상을 혼란에 빠뜨립니다. 이에 임금이 수배령을 내리지만 잡을 길이 없자 결국 임금은 홍길동의 요구대로 그를 병조 판서에 임명합니다. 그러자 홍길동이 궁에 들어가 임금에게 큰절을 올리고 병조 판서의 벼슬을 받은 후 허공으로 몸을 솟구쳐 사라집니다. 마침내 홍길동은 입신양명의 꿈을 이

룬 것입니다.

「홍길동전」의 작가 허균(1569~1618)은 조선 광해군 때의 문인으로 그의 집안은 당대 최고의 양반 가문 중 하나였습니다. 그러므로 허균은 소설의 주인공 홍길동과는 입장이 다릅니다. 하지만 허균은 자신의 스승이 신분에 따른 차별의 벽에 부딪혀 불우한 일생을 보내는 것을 보고 당시 사회의 문제점을 발견하였고, 그 후 사회 제도를 비판하기 시작했습니다. 허균은 양반이었으나 유교 이외의 사상도 스스럼없이 받아들였으며 서민과 천민들과도 어울리며 그들의 생활에 관심을 가졌습니다. 또한 세상을 바꾸기 위한 개혁 정치에도 관심이 많았으며, 이러한 그의 사상은 적서 차별의 철폐, 탐관오리의 징벌, 가난한 백성의 구제, 새로운 이상 국가의 건설 등을 소망한 「홍길동전」에 고스란히 반영되었습니다.

고전 문학 작품을 읽을 때, 어휘를 학습하고 작품의 주제와 줄거리를 파악하는 것은 매우 중요합니다. 하지만 작가가 살았던 시대적 배경과 작가의 신분, 가치관 등을 고려하며 작품을 감상해야 한 걸음 더 깊이 나아갈 수 있다는 것을 잊지 마세요.

생각하는 힘 기르기

1. 다음 단어를 넣어 문장을 만들어보세요.

① 호부호형 (呼부를 호 父아버지 부 呼부를 호 兄형 형) ···▶ 아버지를 아버지라 부르고 형을 형이라 부름.

문장 연습

② 입신양명 (立설 립 身몸 신 揚날릴 양 名이름 명) ···▶ 출세하여 이름을 만천하에 떨침.

문장 연습

③ 탐관오리 (貪탐낼 탐 官벼슬 관 汚더러울 오 吏벼슬아치 리) ···▶ 백성의 재물을 탐내어 빼앗는, 행실이 깨끗하지 못한 관리.

문장 연습

2. 홍길동이 가출을 하고 도적의 우두머리가 된 이유는 무엇인가요?

3. 「홍길동전」의 의의와 가치는 무엇인가요?

4. 홍길동은 탐관오리의 재물을 빼앗아 가난한 사람들에게 나눠주었습니다. 홍길동의 의적 행위에 대한 여러분의 생각을 적어보세요.

주장 홍길동은 탐관오리의 재물을 빼앗아 의로운 일을 하는 도적이다.

 아무리 의적이라 해도 다른 사람의 재물을 함부로 빼앗아서는 안 된다.

'악(惡)'은 결코 '선(善)'을 이길 수 없다!!

흥부전

　옛날 충청도와 전라도, 경상도가 만나는 고을에 연 생원이라는 양반이 살았습니다. 그에게는 두 아들이 있었는데, 형은 놀부이고 아우는 흥부였습니다.

　두 형제는 한 부모에게서 태어났지만 성격이 아주 달랐습니다. 흥부는 효성이 깊고 우애(友愛, 형제 사이의 사랑)가 많은 착한 사람이었습니다. 그러나 놀부는 욕심이 많고 심보가 고약했습니다.

　놀부는 못된 짓을 많이 했습니다. 남의 산에 함부로 묘를 쓰고, 초상집에서 노래를 부르며 떠들고, 남의 곡식에 불을 지르기도 했습니다. 가뭄이 들면 몰래 물길을 막아 자기 논으로만 물을 흘려보냈습니다. 낮에도 나쁜 일을 하고, 밤에는 도둑질까지 했습니다. 사람들은 놀부를 무서워하고 싫어했습니다.

　반대로 흥부는 늘 선한 일을 했습니다. 굶는 이웃에게 밥을 나누어 주고, 추운 날에는 병든 사람에게 옷을 벗어 주었습니다. 억울하게 모함(謀陷, 거짓으로 죄를 씌움)을 당한 사람을 도와주고, 길 잃은 아이를 보면 부모를 찾아 주었습니다. 작은 벌레도 함부로 죽이지 않았습니다. 그래서 마을 사람들은 흥부를 칭찬했습니다.

　하지만 흥부는 착한 일만 하느라 돈을 모으지 못했습니다. 이를 못마땅하게 여긴 놀부는 어느 날 흥부를 쫓아냈습니다.

“재산은 모두 내 것이다. 당장 나가라!”

흥부는 엎드려 빌었습니다.

“형님, 어린 자식들은 어떻게 합니까?”

그러나 놀부는 마음을 바꾸지 않았습니다. 흥부는 아내와 아이들을 데리고 빈손으로 집을 떠났습니다. 처음에는 부끄러웠지만, 살기 위해 여기저기 다니며 빌어먹어야 했습니다.

긴 겨울이 지나고 봄이 왔습니다. 어느 날 제비 한 쌍이 흥부네 움막으로 날아왔습니다. 흥부는 반가워하며 말했습니다.

“가난한 집도 마다하지 않고 찾아왔구나.”

제비는 처마 밑에 집을 짓고 알을 낳았습니다. 그런데 어느 날 구렁이가 나타나 새끼들을 노렸습니다. 흥부는 막대기로 구렁이를 쫓아냈습니다. 그러나 이미 다섯 마리 새끼가 죽고, 한 마리만 다리가 부러진 채 남았습니다.

흥부는 슬퍼하며 말했습니다.

“내가 꼭 살려 주마.”

그는 조기 껍질과 명주실로 정성껏 다리를 감아 주었습니다. 열흘이 지나자 다리가 나았습니다. 제비는 힘차게 날아올랐습니다. 그리고 가을이 되자 강남으로 떠났습니다.

제비 나라의 왕은 물었습니다.

“왜 혼자 돌아왔느냐?”

제비는 흥부가 자신을 살려 준 이야기를 했습니다. 제비 왕은 감동하여 말했습니다.

"흥부는 참된 군자(君子, 어질고 바른 사람)다. 박씨를 주어 보은(報恩, 은혜를 갚음)하게 하라."

다음 해 봄, 제비는 박씨를 물어다 흥부 앞에 떨어뜨렸습니다. 흥부 아내는 그것을 심었습니다. 박은 무성하게 자라 지붕을 덮었습니다.

명절이 되었지만 음식이 없던 흥부는 박을 타 보기로 했습니다. 톱질을 하자 '퍽' 소리와 함께 박이 갈라졌습니다. 그 안에서 금은보화(金銀寶貨, 금과 은과 보물)가 쏟아져 나왔습니다. 흥부는 하루아침에 부자가 되었습니다.

이 소식을 들은 놀부는 욕심이 생겼습니다. 일부러 제비 다리를 부러뜨

- 「흥부전」은 형제 갈등을 통해 권선징악의 윤리와 조선 후기 사회 경제 현실을 풍자적으로 드러낸 판소리계 소설이다.
- 흥부와 놀부의 대비는 단순한 선악 구도가 아니라, 조선 후기 경제 질서 변화 속에서 인간의 욕망을 드러내는 장치이다.
- 형제 갈등은 개인의 문제가 아니라 재산 분배와 계층 갈등이라는 사회 구조적 문제를 반영한다.

렸다가 고쳐 주었습니다. 제비는 놀부에게도 박씨를 주었습니다.

놀부는 기뻐하며 박을 탔습니다. 그런데 박 속에서 험악한 사람들이 튀어나와 놀부의 재산을 모두 빼앗아갔습니다.

"욕심 많은 놀부야! 형제를 박대(薄待, 매정하게 대함)한 죄를 알겠느냐?"

놀부는 그 자리에서 쓰러졌습니다. 정신을 차려 보니 집안은 텅 비어 있었습니다.

이 소식을 들은 흥부는 급히 달려와 형을 위로했습니다. 그리고 자신의 재산 절반을 형에게 주었습니다. 놀부는 크게 뉘우쳤습니다. 이것을 개과천선(改過遷善, 잘못을 고쳐 착하게 됨)이라고 합니다.

그 후 형제는 서로 돕고 사이좋게 살았습니다. 흥부는 여전히 가난한 사람들을 도왔습니다. 사람들은 흥부의 덕을 칭찬했습니다.

한눈에 보는 「흥부전」

작가 소개

「흥부전」은 작자를 알 수 없는 작자 미상의 고전 소설이다.

등장인물

• **흥부** 가난하지만 심성이 착한 인물로 근대적 시각으로 볼 때에는 생활

력이 없는 무능력한 인물로 볼 수 있다.

- **흥부 처** 흥부와 마찬가지로 선량하나 흥부보다는 좀 더 현실적이고 적극적으로 고난을 이겨내려는 인물이다.

- **놀부** 동생을 박대하며 내쫓고 악행을 일삼는 악한 인물로 재산 축적에 관심이 많다. 나중에 잘못을 뉘우치며 개과천선한다.

- **놀부 처** 남편 놀부와 마찬가지로 심술궂고 욕심이 많은 인물로 식량을 얻으러 온 흥부의 뺨을 밥주걱으로 때리는 매정한 성격이다.

핵심 정리

- **갈래** 판소리계 소설, 국문 소설

- **성격** 풍자적, 해학적, 교훈적

- **배경** 시간-조선 후기/공간-충청, 경상, 전라 경계

- **주제** -형제간의 우애 권장

  -인과응보(因果應報) 및 권선징악(勸善懲惡)

- **특징** -서민 문학으로 풍자와 해학이 담겨 있음.

  -형제간의 우애를 중시하는 유교 사상과 불교의 인과응보 사상이 반영됨.

  -판소리계 소설로, 설화(방이 설화, 박 타는 처녀 설화) → 판소리(박타령, 흥보가) → 판소리계 소설(흥부전) → 신소설(연의 각, 燕의 却)로 가는 단계를 거침.

함께하는 인문학 수업

　「흥부전」은 「춘향가」, 「심청가」와 함께 3대 판소리계 소설로 꼽히는 작품입니다. 판소리계 소설이란 본래 판소리로 불리던 이야기를 후대에 소설 형식으로 다시 각색한 것으로, 노래와 사설의 생동감이 글 속에 살아 있습니다. 이러한 작품들은 비극적 상황 속에서도 웃음을 잃지 않는 풍자와 해학을 담아내며, 서민들의 삶과 정서를 대변하는 평민 문학의 대표적 성격을 보여 줍니다. 특히 「흥부전」은 '박타령(판소리) → 흥보가(판소리) → 흥부전(판소리계 소설) → 연의 각(신소설)'으로 끊임없이 개작되며 전승된 적층 문학으로, 오랜 세월 다양한 층위의 민중에게 사랑받아 왔습니다.

　작품의 줄거리는 비교적 단순합니다. 탐욕스럽고 인색한 형 놀부와 선량하고 가난한 동생 흥부가 함께 살다가, 놀부가 흥부를 집에서 쫓아내면서 이야기가 시작됩니다. 흥부는 아내와 여러 자식을 데리고 구걸하며 어렵게 생계를 이어 갑니다. 그러던 중 다리가 부러진 제비를 구해 주고, 이듬해 제비가 물어다 준 박씨를 심어 박을 타자 금은보화가 쏟아져 큰 부자가 됩니다. 이를 본 놀부는 일부러 제비의 다리를 부러뜨려 고쳐 준 뒤 박씨를 얻지만, 박을 타자 재물 대신 재앙이 쏟아집니다. 결국 놀부는 자신의 잘못을 뉘우치고, 흥부는 형을 용서하며 재산을 나누어 함께 행복하게 살아갑니다.

　겉으로 드러난 표면적 주제는 분명합니다. 선한 사람은 복을 받고 악한 사람은 벌을 받는다는 권선징악, 그리고 원인에 상응하는 결과가 따른다는 인과응보의 교훈입니다. 그러나 작품의 창작 배경과 시대 상황을 고려해 살펴보면, 또 다른 이면적 주제가 드러납니다. 조선 후기의 사회 구조 속에서 흥부는 가난한 농민을, 놀부는 토지를 소유한 지주층을 상징한다고 볼 수 있습니다. 따라서 이 작품은 단순한 형제 이야기라기보다 빈부 계층 간의 갈등과 사회적 모순을 은유적으로 드러낸 서민 문학으로 이해할 수 있습니다.

또한 「흥부전」은 인물 묘사와 사건 전개에서 과장과 익살을 적극적으로 활용합니다. 흥부가 굶주림 속에서도 자신의 처지를 과장되게 한탄하는 장면은 비극적이면서도 웃음을 자아냅니다. 이는 고난 속에서도 웃음을 잃지 않고 삶을 긍정하려는 민중의 건강한 정신을 반영합니다. 결국 「흥부전」은 단순한 교훈담을 넘어, 서민들의 현실 인식과 삶의 태도를 담아낸 작품이라 할 수 있습니다. 따라서 고전 문학을 깊이 이해하기 위해서는 표면적 주제뿐 아니라, 작품이 쓰인 시대적 배경과 사회적 맥락을 함께 고려하여 그 이면에 담긴 의미까지 살펴보아야 합니다.

생각하는 힘 기르기

1. 다음 단어를 넣어 문장을 만들어보세요.

＊ 권선징악 (勸권할 권 善착할 선 懲징계할 징 惡악할 악) ⋯▶ 착한 일을 권장하고 악한 일을 징계함.

문장 연습

2. 「흥부전」의 주제는 무엇인가요?

3. 「흥부전」에 담긴 가치와 의의를 '서민 문학'이라는 특징을 고려하여 적어보세요. ('함께하는 인문학 수업' 내용을 참고하세요.)

4. 작품 속에서 놀부는 반도덕적이고 악한 인물로 그려지지만 검소한 생활을 하며 재산을 축적하고 있습니다. 반면에 흥부는 매우 선량한 인물이지만, 근대적 관점에서 볼 때 자식을 십여 명이나 낳고도 생계를 책임지지 못하는 무능한 인물로 볼 수 있습니다. 놀부와 흥부에 대한 여러분의 생각을 적어보세요.

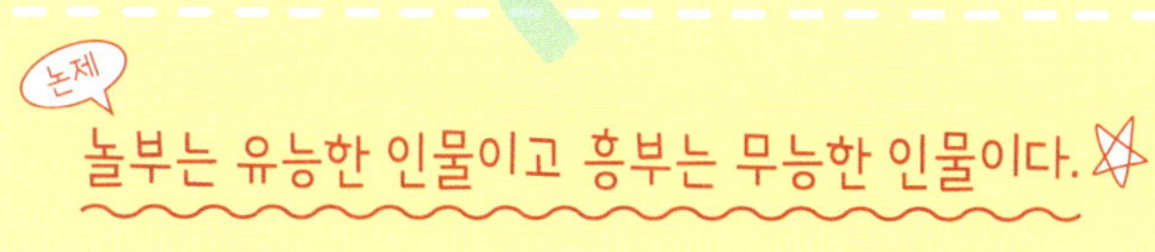

주장   자본주의 사회에서는 재산의 정도가 능력의 기준이 된다.

근거

주장   재산이 많다고 해서 유능한 것은 아니며 가난하다고 해서 무능한 것도 아니다.

근거

위기 속에서
더욱 빛나는 토끼의
지혜와 처세술

◀◀◀ -------------------- ▶▶▶

토끼전

작품 함께 읽기

　옛날 바닷속 깊은 곳에 용왕이 살고 있었습니다. 그런데 어느 날 용왕이 큰 병에 걸렸습니다. 그러나 어떤 약을 써도 낫지 않았습니다. 그래서 육지에서 가장 유명한 도사 세 사람을 불러 치료 방법을 물었습니다. 도사들은 이렇게 말했습니다.

　"토끼의 생간을 드셔야 병이 낫습니다."

　용왕은 토끼를 잡아올 사자(使者, 심부름을 맡은 사람)로 자라를 뽑았습니다. 자라는 바다를 떠나 육지로 올라가 토끼를 찾았습니다.

　자라는 점잖게 말했습니다.

　"형님, 이 시끄러운 세상에서 고생하지 말고 저와 함께 수궁(바닷속 궁전)으로 가시지요. 그곳에는 선경(仙境, 신선이 사는 아름다운 곳) 같은 세상이 펼쳐져 있습니다. 맛있는 음식과 좋은 술도 많고, 걱정 없이 살 수 있습니다."

　토끼는 고개를 갸웃했습니다.

　"말은 좋지만 물속은 위험하오. 나는 육지에 사는 짐승이오. 물에 들어가면 죽지 않겠소?"

　자라는 토끼의 얼굴을 보며 관상 이야기를 했습니다.

　"형님의 털빛은 금빛이니 물과 잘 어울리는 상입니다. 귀는 쫑긋 솟았고 이마는 넓으니 이름을 떨칠 상입니다. 부귀영화(富貴榮華, 부자가 되어 영화롭게 사는 삶)를 누릴 것입니다.”

토끼는 그 말을 듣고 마음이 조금 흔들렸습니다. 결국 자라의 등에 올라 탔습니다. 자라는 토끼를 태우고 만경창파(萬頃蒼波, 끝없이 넓은 푸른 바다)를 건너 용궁으로 갔습니다.

그런데 용궁에 도착하자 분위기가 이상했습니다. 수족(水族, 물에 사는 무리)들이 몰려와 토끼를 붙잡았습니다. 그리고 토끼를 정전(正殿, 궁의 중심 건물) 앞에 꿇렸습니다.

용왕이 말했습니다.

“과인(寡人, 임금이 자신을 낮추어 부르는 말)의 병이 위중하다. 도사가 네 간을 먹어야 낫는다고 하였다.”

군사들이 칼을 들고 다가왔습니다. 그제야 토끼는 속았다는 것을 깨달았습니다. 하지만 토끼는 울지 않고 속으로 생각했습니다.

‘지금은 기지(機智, 재빠르고 슬기로운 꾀)를 써야 한다.’

토끼는 침착하게 말했습니다.

“대왕마마, 한 말씀 드리고 죽겠습니다. 저희 토끼는 간을 몸 안에 두지 않고 따로 꺼내 보관합니다. 오늘 급히 오느라 간을 육지에 두고 왔습니다.”

용왕은 화를 냈습니다.

“세상에 간을 꺼냈다 넣었다 하는 짐승이 어디 있느냐!”

토끼는 다시 말했습니다.

“만약 제 배를 갈랐는데 간이 없다면 어찌하시겠습니까? 대왕은 만승

지존(萬乘之尊, 가장 높은 임금)이시고 옥체(玉體, 임금의 몸)를 지니셨습니다. 혹시 잘못되면 나라를 누가 지키겠습니까?"

토끼의 말은 그럴듯했습니다.

'혹시 사실일지도 모른다.'

용왕은 잠시 생각했습니다.

결국 용왕은 토끼를 다시 육지로 보내 간을 가져오게 하기로 했습니다.

"간을 가져오면 큰 상을 내리겠다."

이튿날 토끼는 다시 자라의 등에 올라 바다를 건넜습니다. 육지에 도착하자마자 토끼는 폴짝 뛰어내렸습니다. 그리고 자라를 향해 말했습니다.

"세상에 어떤 짐승이 간을 꺼냈다 넣었다 하겠느냐! 네 용왕과 너는 내 꾀에 속은 것이다!"

자라는 아무 말도 하지 못하고 빈손으로 돌아갈 수밖에 없었습니다.

- 「토끼전」은 우화적 형식을 통해 지배 권력의 어리석음과 신하의 무능, 그리고 약자의 기지를 풍자한 판소리계 소설이다.
- 토끼는 비도덕적 인물이 아니라, 불합리한 체제 속에서 살아남는 현실적 존재이다.
- 이 작품은 '충(忠)'의 이념을 풍자하며, 충성보다 판단력이 중요함을 드러낸다.

토끼는 다시 산으로 돌아와 자유롭게 살았습니다. 그런데 어느 날 굶주린 독수리가 토끼를 붙잡았습니다.

독수리가 말했습니다.

"이제 너를 잡아먹겠다."

토끼는 또다시 침착했습니다.

"나를 먹어도 살이 적어 배가 차지 않을 것이오. 저쪽 바위 아래에 더 살찐 짐승이 있소. 나를 놓아주면 안내하겠소."

독수리는 그 말을 믿고 토끼를 내려놓았습니다. 그 순간 토끼는 재빨리 숲속으로 달아났습니다. 독수리는 그제야 속았다는 것을 알았지만 이미 늦었습니다.

이 이야기는 힘이 약해도 지혜가 있으면 위기를 이길 수 있다는 뜻을 담고 있습니다. 자라는 꾀로 토끼를 속였지만, 토끼는 더 큰 꾀로 살아남았습니다. 또 힘이 센 용왕도 생각이 짧으면 속을 수 있다는 것도 보여 줍니다.

그래서 사람들은 이 이야기를 통해 이렇게 말합니다.

"힘보다 지혜가 더 강하다."

그리고 아무리 어려운 상황이라도 침착하게 생각하면 살길이 열린다는 교훈을 배우게 됩니다.

한눈에 보는 「토끼전」

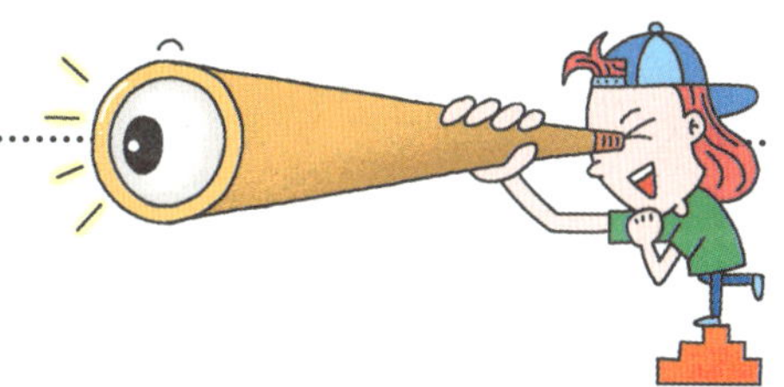

작가 소개

「토끼전」은 작자를 알 수 없는 작자 미상의 고전 소설이다.

등장인물

- **토끼** 공명심(功名心, 공을 세워 자기의 이름을 널리 드러내려는 마음)이 강하고 욕심이 많으나 위기를 극복하는 기지(지혜, 꾀)가 있다.
- **자라** 충성심이 강하고 우직한 성격이다.
- **용왕** 자신의 병을 낫게 하기 위해 죄 없는 토끼를 잡아 생간을 얻으려 하는 횡포를 부리다 결국 토끼의 말에 속아 넘어가는 무능한 권력층을 상징한다.
- **독수리** 어리석고 욕심이 많다.

핵심 정리

- **갈래** 판소리계 소설, 우화 소설
- **성격** 풍자적, 비판적, 우화적, 우의적, 해학적, 교훈적
- **배경** 시간-옛날/공간-용궁, 바닷가, 산
- **주제** -헛된 욕심에 대한 경계와 위기를 극복하는 지혜의 중요성

    -임금에 대한 충성

-무능하고 부패한 지배층에 대한 풍자

- **특징** -근원 설화를 가지고 있으며 판소리로 불리다가 판소리계 소설로
　　　　전승되는 과정을 거침.

　　　　-동물을 의인화하여 우화적 수법으로 인간 세태를 풍자.

　　　　-토끼전의 전승 과정: 구토지설(설화) → 수궁가(판소리) → 토끼전
　　　　(판소리계 소설) → 토의 간(신소설).

함께하는 인문학 수업 

　「토끼전」은 근원 설화를 가진 판소리계 소설로 '구토지설(설화) → 수궁가(판소리) → 토끼전(판소리계 소설) → 토의 간(신소설)'이라는 전승 과정을 거쳐 왔습니다. 이 작품은 토끼, 자라, 독수리 등 동물을 등장인물로 내세워 당시 사회의 부조리한 모습을 풍자하며 비판하고 있습니다. 「토끼전」의 내용을 살펴보면 다음과 같습니다.

　병이 든 용왕은 아무리 좋은 약을 써도 병이 낫지 않자 토끼의 생간이 효과가 있다는 의원의 말에 충직한 신하 자라에게 토끼를 잡아오라고 명합니다. 자라는 육지로 가서 온갖 감언이설(甘言利說, 귀가 솔깃하도록 남의 비위를 맞추거나 이로운 조건을 내세워 꾀는 말)로 토끼를 꾀어내 마침내 토끼를 용궁으로 데려오고, 용왕은 간을 얻기 위해 토끼를 죽이라고 명합니다.

그러자 토끼는 기지를 발휘해 간을 육지에 두고 왔다며 용왕을 속이고, 처음에는 믿지 않았으나 어리석은 용왕은 결국 토끼의 말을 믿고 자라와 함께 토끼를 육지로 돌려보냅니다. 육지로 나간 토끼는 자라의 어리석음을 조롱하며 유유히 사라지고, 이에 자라는 망연자실(茫然自失, 멍하니 정신이 나간 듯함)하여 돌아갑니다. 위기를 가까스로 극복한 토끼는 살아 돌아온 기쁨을 누리다가 다시 독수리에게 붙잡히고, 다시 한 번 기지를 발휘해 시련을 극복합니다.

이 작품에서 토끼는 자신을 따라 용궁으로 가면 부귀영화를 누릴 수 있다는 자라의 유혹에 속아 함께 바다로 향합니다. 용궁에 도착한 뒤에 자신이 죽을 위기에 처했다는 것을 알게 된 토끼는 꾀를 내어 위기를 모면합니다. 토끼는 헛된 욕심을 부리다가 시련과 고난을 겪게 되지만, 위기 상황에서도 침착하게 기지를 발휘하는 현명한 인물로 그려집니다.

자라는 용왕에게 충성하는 우직한 신하이지만, 개인의 욕심을 위해 무고(無辜)한(아무런 잘못이나 허물이 없다.) 생명을 해치려는 용왕의 명령에 복종하는 그릇된 충성심을 지닌 인물입니다. 결국 토끼의 꾀에 속아 육지에서 토끼를 놓치게 된 자라는 자신의 처지를 비관하게 됩니다.

이 작품의 최고의 권력자인 용왕은 자신의 병을 낫게 하기 위해 죄 없는 토끼의 생명을 앗아가려고 합니다. 하지만 결국 토끼의 꾀에 속아 토끼를 놓치는 어리석은 인물로 그려집니다. 용왕은 당시 힘없는 서민에게 횡포를 부리는 무능한 지배층을 상징한다고 볼 수 있습니다.

「토끼전」의 주제는 각 인물들의 입장에서 보면 다양하게 나눌 수 있습니다. 먼저 토끼의 입장에서는 '헛된 욕심에 대한 경계와 위기를 극복하는 지혜의 중요성'이라고 볼 수 있으며, 토끼는 지배층의 횡포에 맞서며 이를 극복해내는 서민층을 대변한다고 볼 수 있습니다. 충신 자라의 입장에서는 '임금에 대한 충성심'을 강조하며, 지배층이자 권력층인 용왕의 입장에서는 조선 후기의 '부패하고 무능한 지배층'을 풍자하고 비판한다고 볼 수 있습니다.

이처럼 「토끼전」은 동물들을 등장인물로 내세운 우화소설(寓話小說, 동식물이나 기타 사물을 의인화하여 쓴 소설)이자 우의적(寓意的) 기법(다른 사물에 빗대어 비유적인 뜻을 나타내거나 풍자하는 기법)을 사용한 작품이기 때문에 각 동물들이 상징하는 바가 무엇인지, 동물들을 통해 무엇을 말하고자 하는지 그 의미를 파악하는 것이 무엇보다 중요합니다.

생각하는 힘 기르기

1. 다음 단어를 넣어 문장을 만들어보세요.

① **속수무책** (束묶을 속 手손 수 無없을 무 策꾀 책) ┈▶ 손을 묶은 것처럼 어찌할 도리가 없어 꼼짝 못 함.

② **언감생심** (焉어찌 언 敢감히 감 生날 생 心마음 심) ┈▶ 어찌 감히 그런 마음을 품을 수 있겠냐는 뜻으로, 전혀 그런 마음이 없었음을 이르는 말.

③ **기지** (機틀 기 智지혜 지) ┈▶ 경우에 따라 재치 있게 대응하는 지혜.

2. 자라의 꾐에 속아 용궁에 간 토끼는 용왕에게 목숨을 빼앗길 위기에 처합니다. 토끼는 어떻게 위기를 모면했나요?

3. 「토끼전」의 주제를 '토끼, 자라, 용왕'의 입장에서 각각 적어보세요.('함께하는 인문학 수업' 내용을 참고하세요.)

4. 충직한 신하 자라는 용왕의 명을 받들어 토끼를 다시 육지로 데려가고, 육지에 이르러서야 토끼에게 속았다는 사실을 깨닫게 됩니다. 내가 만약 자라였다면 어떻게 했을지('토끼를 놓친 채 용궁으로 돌아간다, 토끼를 다시 잡을 계획을 세운다, 용왕을 볼 면목이 없으므로 용궁으로 돌아가지 않는다.' 등) 상상하며 「토끼전」의 뒷이야기를 꾸며 보세요.

5. 이 작품에서 토끼는 죽을 위기에 처하자 "간을 육지에 두고 왔다"라고 말하며 용왕을 속입니다. 그 덕분에 목숨을 구하게 됩니다. 토끼의 행동은 거짓말일까요, 아니면 위기를 넘긴 지혜일까요? 만약 여러분이 토끼였다면 어떻게 행동했을지 생각해 보고, 그 이유를 함께 적어 보세요.

시련 속에서도 지켜낸 신념과 사랑

춤춤춤 --------------------------------- ►►►

춘향전

작품 함께 읽기

　옛날 남원 고을에 춘향이라는 아름답고 마음씨 고운 아가씨가 살고 있었습니다. 음력 오월 오일, 단오날이었습니다. 사람들은 그네를 타고 씨름을 하며 즐겁게 놀았습니다. 이몽룡도 봄 경치를 구경하러 광한루에 갔다가 그네를 타는 춘향을 보게 되었습니다. 몽룡은 한눈에 춘향에게 반했고, 춘향도 몽룡을 좋아하게 되었습니다. 두 사람은 서로 사랑을 약속하며 행복한 시간을 보냈습니다.

　그러나 몽룡의 아버지가 한양으로 벼슬을 옮기게 되면서 몽룡도 함께 떠나야 했습니다. 두 사람은 눈물을 흘리며 이별했습니다. 춘향은 끝까지 몽룡을 믿고 기다리겠다고 약속했습니다.

　그 무렵 남원에 새로 부임한 수령은 변학도였습니다. 그는 욕심 많고 나쁜 관리였습니다. 변학도는 춘향에게 수청(守廳, 수령의 명을 받아 옆에서 모시는 일)을 들라고 강요했습니다. 하지만 춘향은 “나는 이미 이몽룡의 아내와 다름없다.”며 거절했습니다. 변학도는 화가 나 춘향을 옥에 가두고 매를 치게 했습니다. 그래도 춘향은 절개(節槪, 굳은 마음과 지조)를 굽히지 않았습니다.

　한편 몽룡은 한양에서 열심히 공부하여 과거에 급제했습니다. 그리고 임금의 명을 받아 암행어사(暗行御史, 몰래 지방을 살피는 관리)가 되었습니다. 그는 남원으로 내려오면서 자신의 신분을 숨기고 일부러 누더기 옷을 입은 걸인(乞人, 거지)처럼 변장했습니다. 나쁜 관리들의 잘못을 직접 알아보기 위해서였습니다.

몽룡은 먼저 춘향의 어머니를 찾아갔습니다. 춘향 어머니는 몹시 반가워했지만, 몽룡의 초라한 모습에 실망하여 냉대(冷待, 차갑게 대함)를 했습니다. 몽룡은 아무 말 없이 참고, 향단이와 함께 옥에 갇힌 춘향을 만나러 갔습니다.

옥문 앞에서 몽룡이 "걸인 하나 왔다."라고 하자, 춘향은 깜짝 놀랐습니다. 문틈으로 손을 잡으며 울었습니다.

"서방님이 정말 오셨습니까? 꿈인지 생시인지 모르겠습니다."

춘향은 몽룡의 초라한 모습을 보고 마음이 아팠습니다.

"서방님, 나는 죽어도 괜찮지만 어찌하여 이런 모습이 되셨습니까?"

몽룡은 조용히 말했습니다.

"울지 마라. 하늘이 무너져도 솟아날 구멍은 있다."

몽룡은 춘향을 위로하고 나서 변학도의 생일잔치가 열리는 곳으로 갔습니다. 걸인 차림으로 술과 안주를 달라고 하자, 사람들은 그를 말석에 앉혔습니다. 초라한 상을 받자 몽룡은 발로 상을 차 버렸습니다. 그리고 시 한 수를 지었습니다.

"금준미주 천인혈(金樽美酒千人血, 금 술잔의 술은 백성의 피요)

옥반가효 만성고(玉盤佳肴萬姓膏, 기름진 안주는 백성의 땀이라)"

이 시는 관리들이 백성의 피와 땀으로 잔치를 벌이고 있다는 뜻이었습니다. 술에 취한 변학도는 그 뜻을 몰랐지만, 곁에 있던 사람들은 크게 놀랐습니다.

그 순간 몽룡은 마패(馬牌, 암행어사의 증표)를 번쩍 들어 올리며 외쳤습니다.

"암행어사 출두요!"

잔치 자리는 순식간에 아수라장이 되었습니다. 관리

들은 도망치려 했지만 소용없었습니다. 몽룡은 변학도를 봉고파직(封庫罷職, 창고를 봉하고 벼슬을 빼앗음)하라고 명했습니다. 그리고 억울하게 갇힌 죄인들을 조사하여 무고한 사람들을 풀어주었습니다.

마침내 춘향이 불려 나왔습니다. 몽룡은 일부러 엄하게 말했습니다.

"감히 수청을 거역했느냐?"

춘향은 당당히 말했습니다.

"청송녹죽(靑松綠竹, 늘 푸른 소나무와 대나무)처럼 제 절개는 변하지 않습니다. 차라리 죽여주십시오."

그 말을 듣고 몽룡은 말했습니다.

✏️ 수능 1등급용 심화 해설

- 「춘향전」은 신분 질서를 넘어선 사랑과 정절을 통해 봉건 권력을 비판하고 정의를 실현하는 판소리계 소설이다.
- 춘향의 저항은 개인적 정절을 넘어 권력에 대한 도덕적 저항의 의미를 지닌다.
- 암행어사 제도는 이상적 중앙 권력을 통해 지방 권력을 통제하려는 조선 후기 정치 의식을 반영한다.

“고개를 들어 나를 보라.”

춘향이 고개를 들자, 걸인인 줄 알았던 사람이 바로 어사또가 된 몽룡이 었습니다. 춘향은 기쁘고 놀라 눈물을 흘렸습니다.

“꿈인가 생시인가! 이화춘풍(李花春風, 이씨 집안의 봄바람)이 이 목숨을 살리는구나.”

몽룡은 춘향을 구해 주고, 춘향 어머니와 향단이도 함께 한양으로 올라 갔습니다. 임금은 몽룡에게 큰 벼슬을 내리고, 춘향에게는 정렬부인이라 는 이름을 내렸습니다.

그 후 두 사람은 백년해로(百年偕老, 오래도록 함께 늙음)하며 행복하게 살 았습니다.

이 이야기는 사랑과 절개를 끝까지 지킨 춘향의 용기, 그리고 나쁜 관리 를 벌한 몽룡의 정의를 보여 줍니다. 아무리 어려운 상황이라도 올바른 마음을 지키면 결국 좋은 결과를 얻는다는 교훈을 담고 있습니다.

한눈에 보는 「춘향전」

작가 소개

「춘향전」은 작자를 알 수 없는 작자 미상의 고전 소설이다.

등장인물

- **춘향** 유교적 이념에 충실하여 지조와 절개를 지키는 인물. 신분의 제약을 뛰어넘어 적극적으로 사랑을 쟁취하려는 여성으로, 당시 부패한 지배층에 대한 저항 의지를 보여줌으로써 서민층을 대변하는 인물이다.
- **이몽룡** 신분을 초월한 사랑을 하며 춘향과의 약속을 끝까지 지키는 의리 있는 인물이다.
- **춘향 모(월매)** 춘향의 어머니로 기생 출신이다. 춘향을 애지중지 키우는 현실적이고 이해타산적인 인물이다.
- **변학도** 춘향에게 수청을 강요하는 부패한 지방 수령을 대변하는 인물이다.

핵심 정리

- **갈래** 판소리계 소설, 애정 소설
- **성격** 해학적, 풍자적, 비판적, 서민적
- **배경** 시간-조선 후기 숙종 때/공간-전라도 남원
- **주제** -신분의 제약을 뛰어넘는 남녀 간의 사랑

  -부패한 지배 계층에 대한 서민의 저항
- **특징** -근원 설화를 가지고 있으며 판소리로 불리다가 판소리계 소설로 전승되는 과정을 거침.

  -해학과 풍자에 의한 골계미가 드러남.

  -서술자의 편집자적 논평이 드러남.

  -판소리의 영향으로 운문체와 산문체가 혼합됨.

  -춘향전의 전승 과정: 열녀 설화, 신원 설화(설화) → 춘향가(판소리)

→ 춘향전(판소리계 소설) → 옥중화(신소설).

함께하는 인문학 수업

　「춘향전」은 「토끼전」, 「흥부전」과 마찬가지로 판소리계 소설이므로 판소리의 특징을 잘 보여 주는 작품입니다. 판소리는 조선 후기에 크게 유행하였으며, 양반과 평민을 가리지 않고 여러 계층이 함께 향유하던 음악이었습니다. 따라서 판소리 작품은 특정 신분만을 위한 이야기가 아니라, 다양한 계층의 정서와 욕구를 두루 반영해야 했습니다. 이러한 배경 속에서 「춘향전」에는 지배 계층이 즐겨 쓰던 한자어와 평민의 일상어, 때로는 비속어까지 자연스럽게 섞여 있습니다. 또한 작품의 주제 역시 겉으로 드러나는 의미와 그 이면의 의미가 함께 존재하는 이중적 구조를 지니고 있습니다.

　먼저, 「춘향전」은 주제의 이중성을 보여 줍니다. 표면적으로 이 작품은 이몽룡과 성춘향의 사랑 이야기이며, 춘향이 끝까지 지켜 내는 지조와 절개가 중심 내용입니다. 변학도의 수청 요구를 거절하고 매질과 옥살이를 감수하는 춘향의 모습은 유교 사회에서 강조하던 정절의 가치를 잘 드러냅니다. 그러나 이면적으로 보면 이야기는 단순한 연애담을 넘어섭니다. 양반가의 아들 이몽룡과 기생의 딸 춘향의 사랑은 엄격한 신분제 사회에서 매우 파격적인 설정이었습니다. 이는 신분의 장벽을 뛰어넘는 사랑을 통해 인간 평등 사상을 드러내고, 신분제 사회의 모순을 비판하려는 의도를 담고 있다고 볼 수 있습니다.

둘째, 판소리계 소설의 특징인 서술자의 개입과 편집자적 논평이 나타납니다. "이때 어사또가 눈짓하니 서리와 중방 거동 보소. 역졸 불러 단속할 제, 이리 수군 저리 수군, 서리와 역졸 거동 또한 볼만하구나."(「춘향전」 원문 참고)라는 부분은 서술자가 직접 등장하여 인물들의 행동을 설명하고 평가하는 장면입니다. 이는 단순한 사건 전달을 넘어, 청중에게 현장감을 전하고 흥을 돋우는 역할을 합니다. 판소리가 공연 예술이었다는 점을 잘 보여 주는 요소입니다.

셋째, 4·4조 운율과 해학, 풍자가 돋보입니다. "인궤 잃고 과줄 들고, 병부 잃고 송편 들고"(「춘향전」 원문 참고)와 같은 표현은 네 글자씩 반복되며 일정한 리듬을 형성합니다. 이러한 운율은 판소리로 불릴 때 더욱 생동감 있게 전달됩니다. 또한 암행어사 출두 장면에서 관리들이 허둥지둥 도망치는 모습을 과장하여 나열한 부분은 웃음을 자아냅니다. "갓 잃고 소반 쓰고, 칼집 쥐고 오줌 누기"(「춘향전」 원문 참고)와 같은 표현은 당황한 관리들의 모습을 우스꽝스럽게 묘사하여 해학적 효과를 높입니다.

풍자 또한 중요한 요소입니다. "본관이 똥을 싸고 멍석 구멍 새앙쥐 눈 뜨듯 하며"(「춘향전」 원문 참고)라는 표현은 변학도의 비굴한 모습을 희화화한 것입니다. 더 나아가 "금준미주 천인혈"이라는 한시는 화려한 잔치가 사실은 백성들의 희생 위에 이루어졌음을 비판적으로 드러냅니다. 이는 부패한 지배층의 횡포를 날카롭게 꼬집은 대목입니다.

넷째, 「춘향전」은 주체적인 여성상을 보여 줍니다. "층암절벽 높은 바위가 바람 분다고 무너지겠으며, 청송녹죽 푸른 나무가 눈 온다고 변하겠소이까?"(「춘향전」 원문 참고)라는 말은 춘향의 굳은 절개를 상징합니다. 그녀는 수동적으로 운명을 따르는 인물이 아니라, 부당한 권력에 맞서 자신의 사랑과 신념을 지키는 주체적인 인물입니다.

또한 이 작품은 전라도 남원을 배경으로 하여 현실적인 문제를 다루고 있습니다. 변학도는 부패한 지배 계층을, 춘향은 억압받는 서민을 상징하는 전형적 인물입니다. 이몽룡이 암행어사로 등장해 탐관오리를 처벌하는 결말은 권선징악의 사상을 보여 줍니다. 결국 「춘향전」은 사랑 이야기이면서 동시에 신분제 사회를 비판하고, 정의와 평등을 꿈꾸는 조선 후기 서민 의식을 담아낸 작품이라 할 수 있습니다.

생각하는 힘 기르기

1. 다음 단어를 넣어 문장을 만들어보세요.

① **금의환향** (錦비단 금 衣옷 의 還돌아올 환 鄕고향 향) ⋯▸ 비단옷을 입고 고향에 돌아온다는 뜻으로, 출세를 하여 고향에 돌아가거나 돌아옴을 비유적으로 이르는 말.

문장 연습

② **냉대** (冷차가울 냉 待대접할 대) ⋯▸ 정성을 들이지 않고 아무렇게나 하는 대접.

문장 연습

③ **백년해로** (百일백 백 年해 년 偕함께 해 老늙을 로) ⋯▸ 부부가 되어 한평생을 사이좋게 지내고 즐겁게 함께 늙음.

문장 연습

2. 이 작품에서 춘향이와 변학도는 특정 계층을 대변하는 전형적 인물입니다. 춘향과 변학도는 각각 어떤 계층을 상징하는지 적어보세요.

3. 「춘향전」에 나타난 표면적/이면적 주제를 적어보세요.('함께하는 인문학 수업' 내용을 참고하세요.)

4. 만약 내가 춘향이라면 당시 권력자인 변학도의 명령을 거역하여 고문을 당하고, 목숨이 위태로운 상황에서도 끝까지 이몽룡과의 약속을 지킬 수 있을까요? 여러분의 생각을 적어보세요.

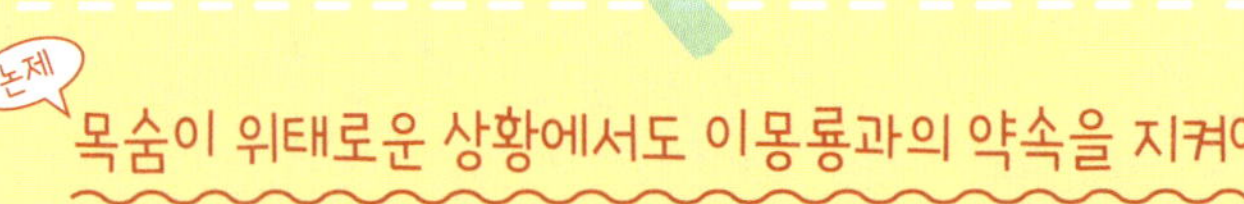

주장 목숨이 위태로운 상황에서도 끝까지 지조와 절개를 지켜야 한다.

근거

주장 목숨보다 귀한 것은 없으므로 지배층의 명령에 따라야 한다.

근거

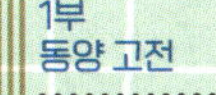

함께일 때
더욱 빛나는
협동의 가치

◀◀◀ --------------------------- ▶▶▶

규중칠우쟁론기

작품 함께 읽기 

옛날 여인들의 방을 규중(閨中, 여자의 방)이라고 했습니다. 그 방 안에는 옷을 만드는 데 꼭 필요한 일곱 가지 도구가 있었습니다. 사람들은 이들을 규중 칠우(七友, 일곱 벗)라고 불렀습니다. 옷을 짓는 일을 침선(針線, 바늘과 실로 옷을 만드는 일)이라고 하는데, 이 침선에 필요한 물건들을 마치 사람처럼 이름을 붙여 벗으로 삼은 것입니다.

바늘은 세요 각시(細腰閣氏, 허리가 가는 아가씨)라 불렀습니다. 바늘이 가운데가 가늘고 잘록하기 때문입니다. 바느질용 자는 척 부인(戚夫人, 가까이 재어 주는 부인)이라 했고, 가위는 교두 각시(交頭閣氏, 머리가 서로 엇갈린 아가씨)라 했습니다. 인두는 인화 부인(引火夫人, 불을 끌어 쓰는 부인), 다리미는 울 낭자(熨娘子, 다리는 아가씨), 실은 청홍흑백 각시(靑紅黑白閣氏, 여러 빛깔의 아가씨), 그리고 골무는 감토 할미라고 했습니다.

어느 날 이 일곱 벗이 모여 누가 가장 큰 공(功, 수고와 역할)을 세웠는지 이야기하기 시작했습니다.

먼저 척 부인이 말했습니다.

"나는 비단과 베를 길고 짧게 재어 옷의 모양을 잡는다. 내가 없으면 재단(裁斷, 천을 재어 자르는 일)도 할 수 없지 않느냐."

그러자 교두 각시가 재빠르게 말했습니다.

"그대가 아무리 잘 재어도 내가 자르지 않으면 소용이 없다."

세요 각시도 고개를 숙였다 들며 말했습니다.

"둘 다 틀렸다. 내가 꿰매지 않으면 옷은 완성되지 않는다."

실인 청홍흑백 각시도 화를 내며 말했습니다.

"바늘이 꿰맨다 해도 내가 따라가지 않으면 이어지지 않는다. 내 공도
크다."

감토 할미가 빙그레 웃으며 말했습니다.

"자랑은 그만하시오. 내가 손가락을 보호해 주지 않으면 바느질하다 손
이 다칠 것이오."

인화 낭자도 말했습니다.

"나는 인두로 솔기를 눌러 옷을 곱게 만든다. 옷이 반듯해지는 것은 내
공이다."

울 낭자, 다리미도 크게 말했습니다.

"나는 구겨진 옷을 펴 준다. 특히 여름에는 쉴 틈도 없이 바쁘다."

이처럼 모두가 자기 공을 자랑하며 다투었습니다.

그때 방 안의 여인이 말했습니다.

"너희가 아무리 애써도 결국 사람이 입으려고 만드는 것이다. 어찌 그 공을 다 너희 것이라 하느냐."

그러고는 베개를 베고 잠이 들었습니다.

칠우는 속상했습니다. 척 부인은 탄식했습니다.

"사람은 우리의 수고를 모른다. 내 허리가 부러지는 줄도 모르고 막대처럼 쓰니 어찌 화가 나지 않겠는가."

교두 각시도 말했습니다.

"가위가 잘 들지 않는다고 내던질 때면 불쾌하다."

세요 각시는 한숨을 쉬었습니다.

"마음에 들지 않으면 나를 부러뜨려 버리니 원통하다."

인화 낭자는 말했습니다.

"나는 늘 불에 달궈져야 한다. 마치 형벌을 받는 것처럼 뜨겁다."

울 낭자도 걱정하며 말했습니다.

- 「규중칠우쟁론기」는 규방의 침선 도구들을 의인화하여 각자의 공을 다투게 함으로써 협력과 역할 분담의 가치를 드러낸 교훈적 우화이다.
- 개인의 공을 내세우는 태도는 공동체 질서를 위협할 수 있음을 풍자한다.
- 규방이라는 공간은 여성의 생활 세계를 반영하면서도, 동시에 사회 전체를 상징하는 공간으로 기능한다.

"옷을 세게 누르고 흔들 때면 목이 떨어질 듯하다."

이렇게 서로 담론(談論, 이야기를 나눔)하며 회포(懷抱, 마음속 생각)를 풀고 있을 때, 여인이 깨어났습니다.

"칠우야, 어찌 내 허물을 말하느냐."

그때 감토 할미가 머리를 숙이며 말했습니다.

"젊은 것들이 생각이 짧아 원망을 하였습니다. 저희의 작은 공을 생각하시어 용서해 주십시오."

여인은 말했습니다.

"내 손가락이 다치지 않은 것은 할미 덕이다."

그리고 골무를 비단 주머니에 넣어 몸에 지니겠다고 약속했습니다.

그 말을 듣고 다른 벗들은 부끄러워 고개를 숙였습니다. 서로 자랑하며 다투던 마음이 사라졌습니다.

이 이야기는 우리에게 중요한 가르침을 줍니다. 옷 한 벌을 만들기 위해서는 자, 가위, 바늘, 실, 인두, 다리미, 골무가 모두 필요합니다. 하나라도 빠지면 완성할 수 없습니다.

또한 작은 도구라도 소중하며, 서로 협력(協力, 힘을 모아 함께 일함)해야 좋은 결과가 나온다는 뜻을 전합니다.

그래서 규중 칠우 이야기는 이렇게 말해 줍니다.

"각자의 자리를 지키는 것이 중요하다."

"함께 힘을 모을 때 비로소 아름다운 옷이 완성된다."

한눈에 보는 「규중칠우쟁론기」

작가 소개

「규중칠우쟁론기」는 작자를 알 수 없는 작자 미상의 고전 수필이다.

등장인물

- **규중 부인** 바느질 도구(칠우)들이 저마다 자신의 공을 뽐내자 사람의 공이 으뜸이라며 칠우들을 꾸짖고, 자신에게 아첨하는 감토 할미를 편애하며 공을 인정해주는 권력자(지배층)를 상징한다.
- **척 부인(자)** 옷의 치수를 재는 '자'를 의인화한 인물로 자신의 공을 뽐낸다.
- **세요 각시(바늘)** '허리가 가는 각시'라는 뜻으로 '바늘'을 의인화한 인물. 자신의 공을 뽐낸다.
- **교두 각시(가위)** '머리가 교차하는 각시'라는 뜻으로 '가위'를 의인화한 인물. 자신의 공을 뽐낸다.
- **청홍흑백 각시(실)** '푸른색, 붉은색, 검은색, 하얀색'이라는 뜻으로 '실'을 의인화한 인물. 자신의 공을 뽐낸다.
- **인화 부인(인두)** 옷 솔기를 다리는 '인두'를 의인화한 인물로 자신의 공을 뽐낸다.
- **울 낭재(다리미)** 옷감 전체를 다리는 '다리미'를 의인화한 인물로 자신의 공을 뽐낸다.

• **감토 할미(골무)** 바느질할 때 손끝을 보호하는 '골무'를 의인화한 인물로 규중 부인에게 아첨하여 부인에게 공을 인정받고 사랑을 독차지하게 된다.

핵심 정리

- **갈래** 고전 수필(국문 수필), 내간체(부녀자들이 쓰고 즐기는 글) 수필
- **성격** 교훈적, 우화적, 논쟁적, 풍자적
- **배경** 시간-미상/공간-규중(부녀자가 거처하는 곳)
- **주제** -공치사(자기 자랑)만 일삼는 이기적인 세태 풍자

  -자신의 역할과 직분에 맞는 삶에 대한 인식과 추구
- **특징** -일상적인 사물을 의인화하여 세태 풍자.

  -3인칭 시점으로 객관적이고 관찰자적인 태도로 서술함.

  -봉건 사회 속에서 점점 변화하는 여성 의식을 반영.

함께하는 인문학 수업

「규중칠우쟁론기」는 한글 수필의 하나로 「조침문」과 더불어 의인화된 내간체(부녀자들이 쓰고 즐기는 글) 고대 수필을 대표하는 작품입니다. 먼저 제목의 의미부터 살펴보면, '규중'은 '부녀자가 기거(起居, 일정한 곳에서 먹고

자고 하는 따위의 일상적인 생활)하는 곳', '칠우'는 일곱 친구, '쟁론'은 '논쟁을 벌인다', '기'는 '기록'이라는 뜻입니다. 그러므로 '규중칠우쟁론기'는 '부녀자가 기거하는 곳에서 일곱 친구가 벌인 논쟁을 기록한 글'이라는 의미를 담고 있습니다. 작가와 연대 미상의 작품으로, 바느질과 관련된 일곱 가지 사물인 자(척 부인), 바늘(세요 각시), 가위(교두 각시), 실(청홍흑백 각시), 골무(감토 할미), 인두(인화 부인), 다리미(울 낭자)를 의인화하여 세태를 풍자한 수필입니다. 작품의 내용을 살펴보면 다음과 같습니다.

규중 부인이 잠든 사이에 바느질 도구인 칠우(자, 가위, 바늘, 골무, 실, 다리미, 인두)가 서로 자신의 공을 자랑하며 다툼을 벌입니다. 그때 규중 부인이 의복을 관리하는 것은 너희의 공이 아니라 자신의 공이라고 하자 칠우들은 규중 부인이 잠든 틈을 타 자신들의 신세 한탄과 더불어 부인에 대한 원망과 불평을 늘어놓게 됩니다. 그러다 잠에서 깬 부인에게 꾸중을 듣자 감토 할미(골무)가 나서서 젊은 것들이 헤아림이 부족해서 그러니 용서해 달라며 부인에게 사죄를 합니다. 그러자 감토 할미(골무)의 태도가 마음에 든 규중 부인은 감토 할미의 공이 으뜸이라며 치켜세웁니다.

이 작품은 인간 심리의 변화, 이해관계에 따라 변하는 세태 등이 함축적으로 반영되어 인간 세태를 풍자하고 있습니다. 바느질 도구들을 의인화하여 각각 특징이 있는 개성 있고 구체적인 인물로 설정하여 생김새와 쓰임새를 상세히 묘사함으로써 생동감을 줍니다. 또한 자신의 공을 자랑하며 공과 관련하여 서로 다투는 부분과 인간을 원망하며 하소연하는 부분을 뚜렷하게 대조하여 극적인 구성을 보여줍니다. 즉 전반부의 규중 칠우는 이기적이고 남을 헐뜯기 좋아하는 인간들의 모습 자체이며, 후반부의 규중 칠우는 실제 인간을 비판하고 풍자하는 역할을 합니다. 이렇듯 이 작품은 규중 칠우들의 풍자를 통해, 자신의 본분을 잊고 자기 자랑만 늘어놓거나 불평이나 원망을 하지 말고, 주어진 직분에 따라 성실한 태도로 살아가야 한다는 바람직한 삶의 자세에 대해 이야기하고 있습니다.

생각하는 힘 기르기

1. 다음 단어를 넣어 문장을 만들어보세요.

① **소임** (所바 소 任맡길 임) ┄▸ 맡은 바 직책이나 임무.

문장 연습

② **야속** (野들 야 俗풍속 속) ┄▸ 무정한 행동이나 그런 행동을 한 사람이 섭섭하게 여겨져 언짢다.

문장 연습

③ **회포** (懷품을 회 抱품을 포) ┄▸ 마음속에 품은 생각이나 정.

문장 연습

2. '규중칠우쟁론기'의 의미와 '칠우'의 종류에 대해 설명해보세요.

3. 이 작품은 규중 부인이 깨어 있을 때와 잠들었을 때, 즉 전반부와 후반부의 풍자 대상이 다릅니다. 어떻게 다른지 설명해보세요.('함께하는 인문학 수업' 내용을 참고 하세요.)

4. 이 작품에서 '감토 할미'는 다른 바느질 도구들과 마찬가지로 자신의 공을 내세웁니다. 그러다 규중 부인에게 대표로 사과함으로써 부인에게 공을 인정받으며 부인의 사랑을 독차지하게 됩니다. 이러한 감토 할미의 태도를 부정적 관점으로 보면, 지배층(권력자, 작중 규중 부인)에 아첨하는 교활한 인물이라 볼 수 있습니다. 반면에 긍정적 관점으로 보면 세상을 살아가는 처세술이 뛰어나다고 할 수 있습니다. 여러분의 생각은 어떠한가요? 자유롭게 의견을 말해보세요.

주장 감토 할미는 규중 부인에게 사과하는 척하면서 자신을 돋보이게 하는 교활한 인물이다.

근거

주장 감토 할미는 교활하다기보다는 지혜로운 인물이다.

근거

가부장적 장끼와
신여성 까투리를 통해
조선 사회의
모순을 엿보다!!

장끼전

작품 함께 읽기

　겨울이 깊어 들판은 온통 눈으로 덮였습니다. 먹을 것을 찾기가 아주 힘든 때였습니다. 장끼(수꿩)와 까투리(암꿩) 부부는 배를 움켜쥔 채 아들 아홉과 딸 열둘을 데리고 먹이를 찾으러 나섰습니다. 그들은 포수의 눈을 피해 조심조심 걸었습니다. 눈이 수북이 쌓여 있어 콩 한 알이라도 목숨처럼 귀했습니다.

　그때 장끼가 눈 위에 떨어진 붉은 콩알 하나를 발견했습니다. 그러자 눈을 번쩍 뜨며 말했습니다.

　"이 콩알 좀 보시오! 하늘이 내린 복(福, 좋은 운) 아니겠소? 배고픈 지금 이보다 더 귀한 것이 어디 있겠소?"

　그러나 까투리는 마음이 불안했습니다.

　"잠깐만 기다리세요. 눈 위에 발자국이 이상해요. 누군가 입으로 후후 불고 비로 쓸어낸 것 같아요. 덫일지도 모르니 먹지 마세요."

　장끼는 고개를 저었습니다.

　"이 추운 동지섣달에 사람 그림자도 없는데 무슨 덫이란 말이오? 괜한 걱정이오."

　까투리는 다시 말했습니다.

　"간밤에 흉몽(凶夢, 나쁜 꿈)을 꾸었어요. 불길한 느낌이 들어요. 제 말을 믿고 조심하세요."

장끼도 지지 않았습니다.

"나도 꿈을 꾸었소. 황학을 타고 하늘에 올라 옥황상제를 만났소. 나를 산림처사(山林處士, 산에 사는 훌륭한 선비)라 부르며 콩을 한 섬이나 주셨소. 이 콩은 내 복이오!"

까투리는 얼굴이 굳어졌습니다.

"나는 궂은비가 내리고 무지개가 칼이 되어 당신을 베는 꿈을 꾸었어요. 분명 흉몽이에요."

장끼는 더욱 큰소리로 말했습니다.

"나는 알성과(謁聖科, 임금을 뵙는 과거 시험)에 장원 급제(壯元及第, 시험에서 1등을 함)하여 어사화(御賜花, 임금이 내려 준 꽃)를 꽂는 꿈을 꾸었소! 이 콩을 먹어야 힘을 내지 않겠소?"

까투리는 또 다른 꿈 이야기를 꺼냈습니다.

"검은 개가 달려들고 긴 줄이 몸을 감는 꿈이었어요. 내가 과부(寡婦, 남편을 잃은 여자)가 될 꿈이에요."

하지만 장끼는 화를 냈습니다.

"겁을 주어 내 복을 빼앗으려는 것이오?"

끝내 장끼는 고집을 꺾지 않았습니다. 꽁지깃을 펼치고 콩알을 향해 다가갔습니다. 반달처럼 생긴 혀로 콩을 콱 찍는 순간, 우지끈 소리가 나며 덫이 철컥 닫혔습니다. 위아래 고패가 닫히며 장끼는 순식간에 갇혀 버렸습니다.

까투리는 땅을 치며 울었습니다.

"내 말 한마디만 들었더라면 이런 화(禍, 재앙)를 당하지 않았을 텐데요!"

자식들과 이웃 새들도 몰려와 함께 울었습니다. 산에는 통곡 소리만 울려 퍼졌습니다. 장끼는 힘겹게 말했습니다.

"내 욕심(欲心, 지나친 바람)이 화를 불렀소. 나를 탓하지 마시오. 부디 수절(守節, 절개를 지킴)하여 정렬부인(貞烈夫人, 절개를 지킨 여인)이 되시오."

그러나 덫은 꿈쩍도 하지 않았습니다. 그때 덫 주인 탁 첨지가 달려왔습니다.

"먹을 것을 탐내다 걸렸구나!"

장끼는 그렇게 포수에게 잡혀가고 말았습니다.

며칠 뒤 장례를 치르자 까마귀가 찾아와 말했습니다.

"이제 혼자이니 나와 함께 살지 않겠소?"

까투리는 고개를 저었습니다.

"삼년상(三年喪, 세 해 동안 슬퍼함)도 치르지 않았는데 개가(改嫁, 다시 결혼함)할 수는 없어요."

부엉이와 물오리도 청혼했지만 까투리는 쉽게 마음을 열지 않았습니다.

- 「장끼전」은 장끼의 과욕과 고집을 통해 인간의 욕망을 풍자하고, 인과응보의 원리를 드러낸 우화적 판소리계 소설이다.
- 길흉화복은 외부의 운명이 아니라 자신의 선택에서 비롯됨을 보여 준다.
- 까투리의 재혼은 정절 이념을 절대화하지 않는 현실적 가치관을 반영한다.

세월이 흐르자 슬픔도 조금씩 옅어졌습니다. 그때 한 장끼가 다가와 말했습니다.

"나 또한 홀로된 지 오래요. 우리가 만난 것도 천생연분(天生緣分, 하늘이 맺어 준 인연) 아니겠소? 함께 살아 백년해로(百年偕老, 오래도록 함께 삶)합시다."

까투리는 한참 생각한 뒤 말했습니다.

"죽은 남편을 생각하면 마음이 아프지만, 자식들을 위해서라도 살아야겠어요. 유유상종(類類相從, 같은 무리끼리 모임)이라 하니, 까투리는 장끼를 따르는 것이 맞겠지요."

그리하여 둘은 혼례를 올리고 새 삶을 시작했습니다. 그들은 눈보라를 헤치며 운림벽계로 돌아갔습니다.

이듬해 봄, 자식들을 모두 짝지어 보내고 부부는 명산대천(名山大川, 이름난 산과 큰 강)을 구경하며 여생을 보냈습니다. 그러다 시월 십오일, 큰 물가에 이르러 함께 물속으로 들어갔다고 합니다. 전해 오는 말에 따르면 그들은 조개가 되었다고 합니다. 이를 치입대수위합(雉入大水爲蛤, 꿩이 큰 물에 들어가 조개가 됨)이라 합니다.

이 이야기는 욕심은 화를 부르고, 고집은 화를 키우며, 세월은 상처를 조금씩 씻어 준다는 뜻을 전합니다. 길흉화복(吉凶禍福, 좋은 일과 나쁜 일)은 한순간의 선택에서 시작된다는 것을 이 우화가 알려 줍니다.

한눈에 보는 「장끼전」

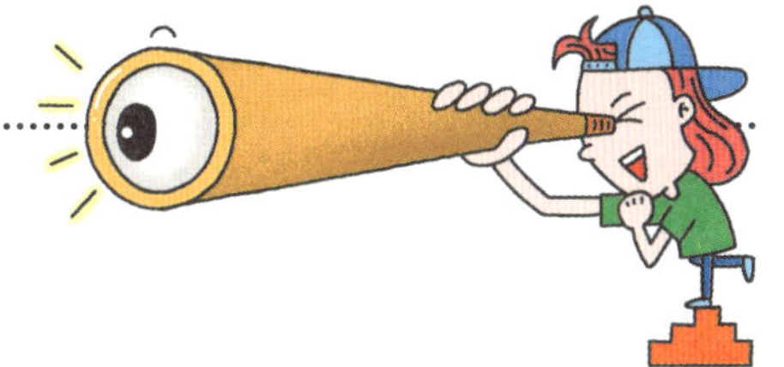

 **작가 소개**

「장끼전」은 작자를 알 수 없는 작자 미상의 고전 소설이다.

등장인물

- **장끼** 콩알을 먹지 말라는 아내의 충고를 무시하다 덫에 걸려 죽고, 죽은 뒤 아내에게 개가하지 말고 정절을 지키라 유언하는 가부장적 인물이다.
- **까투리** 옛 성현의 말을 빌려와 남편 장끼를 설득할 정도로 해박(該博, 여러 방면으로 학식이 넓음)하며, 네 번이나 개가를 한 개방적인 인물이다.

핵심 정리

- **갈래** 국문 소설, 우화 소설, 판소리계 소설
- **성격** 우화적(寓話的), 우의적(寓意的), 비판적, 풍자적
- **배경** 시간-조선 후기 어느 봄날/공간-강원도 어느 산골
- **주제** 조선 시대 남존여비(男尊女卑, 남성을 존중하고 여성을 천하게 여김) 사상과 개가(改嫁, 재혼) 금지에 대한 비판과 풍자
- **특징** -동물을 인격화하여 사건을 진행함.

    -당대 서민 의식이 반영됨.

    -인간의 본능적 욕구 중시.

함께하는 인문학 수업 

　「장끼전」은 조선 후기의 대표적인 우화(寓話) 소설이자 판소리계 소설로, 수꿩 장끼와 암꿩 까투리를 의인화하여 사건을 전개하는 우의적(寓意的) 성격을 지닌 작품입니다. 우화란 인격화한 동식물이나 기타 사물을 주인공으로 삼아 그들의 행동을 통해 현실 사회의 모순을 풍자하고 교훈을 드러내는 이야기입니다. 이 작품은 동물을 통해 인간 사회의 가부장적 질서와 윤리 의식을 비판한다는 점에서 그 문학적 의의가 큽니다. 소설 형식이므로 산문체로 서술되어 있지만, 판소리계 소설인 만큼 곳곳에 운문체 표현이 남아 있습니다. 예컨대 장끼가 죽어 가며 "너무 서러워 마오. … 울지 마오, 울지 마오, 내 까투리 울지 마오."(「장끼전」 원문 참고)라고 읊조리는 대목은 판소리 특유의 리듬과 정서를 생생하게 전합니다.

　작품의 내용을 살펴보면 다음과 같습니다. 아들 아홉과 딸 열둘을 거느린 장끼와 까투리 부부는 겨울철 식량을 구하기 위해 길을 나섭니다. 그러던 중 콩알 하나를 발견한 장끼는 몹시 기뻐하며 이를 먹으려 합니다. 그러나 까투리는 간밤의 꿈이 불길하다며 콩을 먹지 말라고 간곡히 만류합니다. 그럼에도 장끼는 아내의 말을 소견이 좁고 어리석다며 무시하고 끝내 고집을 꺾지 않은 채 콩알을 쪼아 먹다가, 까투리의 예상대로 덫에 걸려 죽음을 맞게 됩니다. 그는 죽어 가는 순간에도 까투리에게 개가하지 말고 수절하여 정렬부인이 되라는 유언을 남깁니다.

얼마 후 장끼의 장례식 날, 홀로 된 까투리에게 까마귀·부엉이·물오리 등이 조문을 와 청혼합니다. 까투리는 그들이 썩 마음에 들지 않아 망설이던 중, 삼 년째 홀로 지냈다는 또 다른 수꿩이 찾아와 청혼하자 이를 수락하고 개가합니다. 이후 자식들을 혼인시키고 가정을 꾸리며 살아갑니다. 훗날 장끼 부부는 명산대천을 찾아다니며 노닐다가 10월 15일 큰 물 속으로 들어가 치위합이라는 조개가 됩니다.

이 작품이 창작되고 향유되던 조선 시대는 남존여비(男尊女卑) 사상이 지배적이었으며, 여성의 개가(改嫁)는 사회적으로 엄격히 금지되었습니다. 이러한 시대적 배경 속에서 장끼는 아내의 충고를 무시하다가 결국 화를 자초하고도, 끝내 수절을 강요하는 인물로 그려집니다. 그는 남존여비 사상에 젖어 아내를 하대하고 자신의 판단만을 옳다고 여깁니다. 이 작품에서 장끼는 죽음 앞에서도 가부장적 권위를 내려놓지 않는 전형적인 권위주의적 가부장을 상징합니다.

반면 까투리는 남편의 주장에 맞서 자신의 의견을 굽히지 않는 당당한 여성으로 묘사됩니다. 이미 여러 차례 남편을 잃었음에도 다시 개가를 선택하는 모습은 당시 유교적 가치관에 비추어 볼 때 매우 파격적인 설정입니다. 이는 여성의 욕망과 현실적 삶을 긍정하려는 조선 후기 서민 의식의 변화를 반영한 것으로 볼 수 있습니다. 결국 「장끼전」은 웃음과 해학을 바탕으로 하면서도, 남존여비와 수절 이데올로기를 풍자하고 비판하는 작품입니다. 동물을 빌려 인간 사회를 비추는 우의적 장치를 통해, 조선 후기 사회의 모순과 가치관의 변화를 날카롭게 드러내고 있는 것입니다.

생각하는 힘 기르기

1. 다음 단어를 넣어 문장을 만들어보세요.

① **괴이** (怪괴이할 괴 異다를 이) ┉▶ 정상적이지 않고 별나며 괴상하다.

문장 연습

② **천생연분** (天하늘 천 生날 생 緣인연 연 分나눌 분) ┉▶ 하늘이 정해준 인연, 운명.

문장 연습

③ **유유상종** (類무리 유 類무리 유 相서로 상 從따를 종) ┉▶ 같은 무리끼리 서로 사귐.

문장 연습

2. 「장끼전」은 동물을 의인화하여 사건을 전개하는 '우화 소설'입니다. 우화 소설의 특징은 무엇이 있는지 적어보세요.

3. 장끼와 까투리를 통해 이 작품이 비판하고 풍자하고자 하는 것은 무엇인가요?('함께하는 인문학 수업' 내용을 참고하세요.)

4. 현대 사회는 여자든 남자든 자유롭게 재혼이 가능한 시대이지만, 당시 조선 사회는 여성의 개가를 철저히 금지하였습니다. 이 작품에서 장끼는 죽어가면서 까투리에게 개가하지 말고 정렬부인이 되어 지조를 지키라는 유언을 남깁니다. 과연 장끼의 유언을 지켜야 할까요? 여러분의 생각은 어떠한가요?

주장 남편 장끼의 유언인 만큼 까투리는 지조를 지켜야 한다.

근거

주장 수많은 자식들을 키우기 위해서라도 까투리는 개가해야 한다.

근거

하늘도 감동한 지극한 효성

심청전

옛날 황주 도화동에 앞을 보지 못하는 심학규(沈鶴圭)라는 아버지가 살 았습니다. 사람들은 그를 심 봉사라고 불렀습니다. 그의 곁에는 효녀(孝女, 부모를 매우 정성껏 모시는 딸) 심청이 있었습니다. 집은 몹시 가난했지만, 심 청은 아버지를 사랑하는 마음으로 하루도 빠짐없이 돌보았습니다.

어느 날, 한 스님이 말했습니다.

"공양미 삼백 석을 시주(施主, 절에 곡식이나 돈을 바침)하면 눈을 뜰 수 있 을 것이오."

심청은 그 말을 듣고 마음이 아팠습니다. 어린 나이였지만, 아버지의 눈 을 꼭 뜨게 해 드리고 싶었습니다. 그래서 큰 결심을 했습니다. 남경 상인 들에게 몸을 팔아 인당수(印塘水)에 제물(祭物, 신에게 바치는 것)로 몸을 바 치기로 한 것입니다.

배 위에서 심청은 마지막으로 두 손 모아 절을 했습니다.

"아버지, 부디 눈을 뜨소서."

그리고 바다로 몸을 던졌습니다. 그러자 물결이 크게 일렁였습니다.

하늘에서 이를 지켜보던 옥황상제는 심청의 효성(孝誠, 부모를 향한 지극한 정성)에 크게 감동했습니다. 심청은 죽지 않고 용궁으로 가게 되었고, 그 곳에서 귀한 손님처럼 대접을 받았습니다. 그리고 다시 인간 세상으로 돌 아오게 되었는데, 연꽃 속에 담겨 궁궐 연못에 나타났습니다.

황제가 그 연꽃을 보고 신기하게 여겨 열어 보니, 그 안에서 아름다운 처녀가 나왔습니다. 바로 심청이었습니다. 황제는 이것이 하늘의 뜻이라 생각하고 심청을 황후(皇后, 임금의 아내)로 맞이했습니다.

하지만 황후가 된 뒤에도 심청의 마음은 기쁘지 않았습니다. 아버지가 걱정되었기 때문입니다. 어느 날 황제가 물었습니다.

"무슨 근심이 있소?"

황후는 고개를 숙이며 말했습니다.

"저는 황주 도화동에 사는 맹인 심학규의 딸입니다. 아버지의 눈을 뜨게 하려고 인당수에 몸을 바쳤습니다."

그리고 부탁했습니다.

"이 나라의 맹인을 모두 모아 연회를 열어 주십시오. 혹시 제 아버지가 그 가운데 계실지도 모릅니다."

황제는 황후의 현명함과 효성을 크게 칭찬하며 명령을 내렸습니다. 맹인이면 누구든 빠짐없이 초대하라고 하였습니다.

한편, 떠돌이로 살던 심 봉사도 그 소식을 듣고 궁궐로 향했습니다. 그러나 궁궐로 가던 중, 심 봉사가 의지하며 함께 살던 뺑덕어멈은 다른 사람을 따라가 버렸습니다. 홀로 남은 심 봉사는 통곡하며 말했습니다.

"내 팔자가 기박(奇薄, 기구하고 복이 없음)하구나."

마침내 궁궐에서 큰 연회가 열렸습니다. 많은 맹인이 모였습니다. 그 가운데 초라한 옷차림의 심 봉사도 서 있었습니다.

황후가 물었습니다.

"따님이 있으십니까?"

심 봉사는 엎드려 말했습니다.

"딸 하나 있었으나, 제 눈을 뜨게 하겠다며 인당수에 몸을 던졌습니다. 그 아이 나이 겨우 열다섯이었습니다."

그 말을 듣는 순간, 황후는 그가 아버지임을 알아보았습니다. 그러고는 버선발로 뛰어 내려가 외쳤습니다.

"아버지, 제가 심청입니다!"

그때 기적이 일어났습니다. 심 봉사의 눈이 번쩍 뜨였습니다. 함께 모인 맹인들도 하나둘 눈을 뜨기 시작했습니다. 마치 어둠이 걷히고 세상에 광명(光明, 밝은 빛)이 가득해진 듯했습니다.

심 봉사는 떨리는 목소리로 말했습니다.

"내 딸 청이가 틀림없구나. 효성 덕에 다시 세상을 보게 되었구나."

황제는 심학규를 부원군(府院君, 높은 벼슬 이름)으로 삼고, 나라에 은혜를

- 「심청전」은 유교적 효 사상을 중심으로 희생과 구원을 통해 도덕 질서를 회복하는 권선징악 구조의 판소리계 소설이다.
- 심청의 투신은 개인적 선택처럼 보이지만, 유교적 가치 체계를 내면화한 이념적 희생의 형상이다.

베풀었습니다. 나라에는 태평성대(太平聖代, 평화롭고 잘 다스려진 시대)가 이어졌습니다. 백성들은 심 황후의 효성과 덕(德, 착한 마음)을 칭찬했습니다.

이 이야기는 효성은 하늘을 움직이고, 덕은 세상을 밝힌다는 뜻을 전해 줍니다. 부모를 사랑하는 마음은 큰 기적을 만들 수 있다는 것을 알려 주는 아름다운 이야기입니다.

한눈에 보는 「심청전」

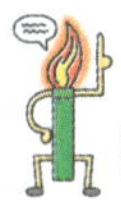 작가 소개

「심청전」은 작자를 알 수 없는 작자 미상의 고전 소설이다.

등장인물

- **심청** 효심이 지극한 효녀로 아버지 심 봉사의 눈을 뜨게 하기 위해 자신을 제물로 바치는 자기희생적 인물. 훗날 황후가 되어 신분 상승을 한다.
- **심 봉사(심학규)** 심청의 아버지로 맹인이며, 무능력하여 현실적 고난을 겪는 인물이다.
- **황제** 용궁에서 나와 연꽃 속에서 환생한 심청을 하늘이 맺어준 인연이라 생각하여 심청과 혼인하는 인물. 심청이 아버지를 만날 수 있도록 맹인 잔치를 베풀며 어진 정치를 펼치는 인물이다.

- **뺑덕어멈** 이기적이며 세속적 욕심이 많은 욕망에 충실한 인물이다.

- **안씨 부인** 심 봉사의 마지막 부인이며 심 봉사가 딸 심청을 만나는 데 도움을 주는 지혜로운 인물이다.

핵심 정리

- **갈래** 고전 소설, 판소리계 소설, 윤리 소설

- **성격** 교훈적, 비현실적, 환상적, 불교적, 유교적

- **배경** 시간-중국 송나라 때/공간-황주 도화동, 용궁, 인당수

- **주제** 부모에 대한 지극한 효성과 권선징악(勸善懲惡)

- **특징** -효와 관련된 당대의 윤리관 잘 드러남.

  -다양한 사상(유교, 불교, 도교, 민간 신앙)이 혼재되어 있음.

  -당시 서민들의 생활과 가치관이 반영됨.

  -판소리계 소설로 설화(효녀 지은 설화) → 판소리(심청가) → 판소리계 소설(심청전) → 신소설(강상련江上蓮)로 가는 단계를 거침.

함께하는 인문학 수업  

『심청전』은 판소리 「심청가」를 바탕으로 형성된 판소리계 소설입니다. 본래 소리로 불리던 작품이 문자로 정착한 것이므로, 이야기 속에는 산문

체와 운문체가 자연스럽게 어우러져 있습니다. 한 행이 네 마디로 끊어지며 리듬을 이루는 4음보, 네 글자씩 반복되어 운율을 형성하는 4·4조 형식이 나타나 읽는 동안에도 장단이 느껴집니다. 이는 판소리 특유의 음악적 요소가 글 속에 살아 있는 모습이라 할 수 있습니다.

이 작품의 또 다른 특징은 중요한 장면을 길게 늘여 자세히 묘사함으로써 감정을 크게 끌어올리는 '장면의 극대화'에 있습니다. 심청이 인당수에 몸을 던지는 장면과, 황후가 된 뒤 심 봉사와 다시 만나는 장면이 대표적입니다. 이 대목에서는 인물의 심리와 상황을 세밀하게 그려 독자의 감정을 깊이 흔듭니다. 또한 서술자가 직접 등장해 인물의 행동을 평가하는 '편집자적 논평'도 나타난다. "심청의 효심이 지극하다."(「심청전」 원문 참고)와 같은 문장은 작품이 전하고자 하는 가치를 분명히 드러냅니다. 한편 뺑덕어멈의 행동에서는 해학과 풍자가 드러나 인간의 욕심을 비판하고, 심청의 희생에서는 슬픔 속에서도 숭고함이 느껴지는 비장미가 나타납니다.

줄거리를 살펴보면 다음과 같습니다. 심청은 태어나자마자 어머니를 잃고 젖동냥을 하며 어렵게 자랍니다. 그러나 맹인 아버지 심학규는 딸을 깊은 사랑과 정성으로 기릅니다. 어느 날 장 승상댁 부인이 심청을 수양딸로 삼겠다고 제안하지만, 심청은 아버지를 혼자 둘 수 없다며 이를 거절합니다. 이는 심청의 효심을 잘 보여 주는 장면입니다. 이후 한 스님이 공양미 삼백 석을 시주하면 눈을 뜰 수 있다고 하자, 심 봉사는 이를 약속합니다. 이를 알게 된 심청은 아버지의 눈을 뜨게 하기 위해 자신의 몸을 인당수의 제물로 바치기로 결심합니다. 아버지를 위한 선택이었지만, 그

희생은 지극히 슬프고도 숭고합니다.

홀로 남은 심 봉사는 깊은 슬픔 속에서 지내다가 마을 사람들의 권유로 뺑덕어멈과 재혼합니다. 그러나 뺑덕어멈은 그의 재산을 노리고 접근한 인물로, 결국 돈을 탕진하고 달아납니다. 이 부분은 인간의 탐욕을 해학적으로 풍자합니다. 한편 인당수에 빠진 심청은 용왕과 옥황상제의 도움으로 용궁에서 살아가게 됩니다. 몇 년 뒤 연꽃에 실려 인간 세상으로 돌아온 심청은 황제의 눈에 띄어 황후가 됩니다. 황후가 된 심청은 아버지를 찾기 위해 맹인 잔치를 열어 달라고 청하고, 마침내 궁궐에서 부녀가 극적으로 재회합니다. 그 순간 심 봉사를 비롯한 여러 맹인의 눈이 동시에 떠지는 기적이 일어납니다. 이후 심 봉사는 부원군에 봉해지고, 새 부인 안씨와 함께 행복하게 살아갑니다.

이 작품에는 효를 최고의 가치로 여기는 유교 사상을 중심으로 인과응보, 윤회 사상, 도교적 세계관과 민간 신앙 요소가 함께 어우러져 있습니다. 결국 『심청전』은 효를 중심에 두면서도 다양한 사상과 민중의 소망을 담아낸 작품으로, 가난하고 낮은 신분이라도 덕을 쌓으면 보상을 받는다는 희망과 슬픔 속의 숭고한 아름다움을 보여 주는 이야기라 할 수 있습니다.

생각하는 힘 기르기

1. 다음 단어를 넣어 문장을 만들어보세요.

① **광명** (光빛 광 明밝을 명) ···▶ 밝은 미래나 희망을 상징하는 밝고 환한 빛.

문장 연습

② **하해** (河강 하 海바다 해) ···▶ 큰 강과 바다.

문장 연습

③ **태평성대** (太클 태 平평평할 평 聖성인 성 代시대 대) ···▶ 어진 임금이 잘 다스리어 태평한 세상이나 시대.

문장 연습

2. 「심청전」은 한국의 '효(孝)'를 대표하는 고전 소설입니다. 이 작품의 주제에 대해 적어보세요.

3. 이 작품에 반영된 다양한 사상에 대해 적어보세요.('함께하는 인문학 수업' 내용을 참고하세요.)

4. 아버지의 눈을 뜨게 하기 위해 인당수에 몸을 던진 심청의 효심은 옥황상제마저 감동시킬 정도로 지극한 것이었습니다. 하지만 현대적 관점에서는 이러한 심청의 행동을 비판적으로 볼 수 있습니다. 아버지의 개안(開眼, 눈을 뜸)을 위해 자신의 목숨을 버리는 것은 과연 최선의 효도일까요? 여러분의 생각을 정리해보세요.

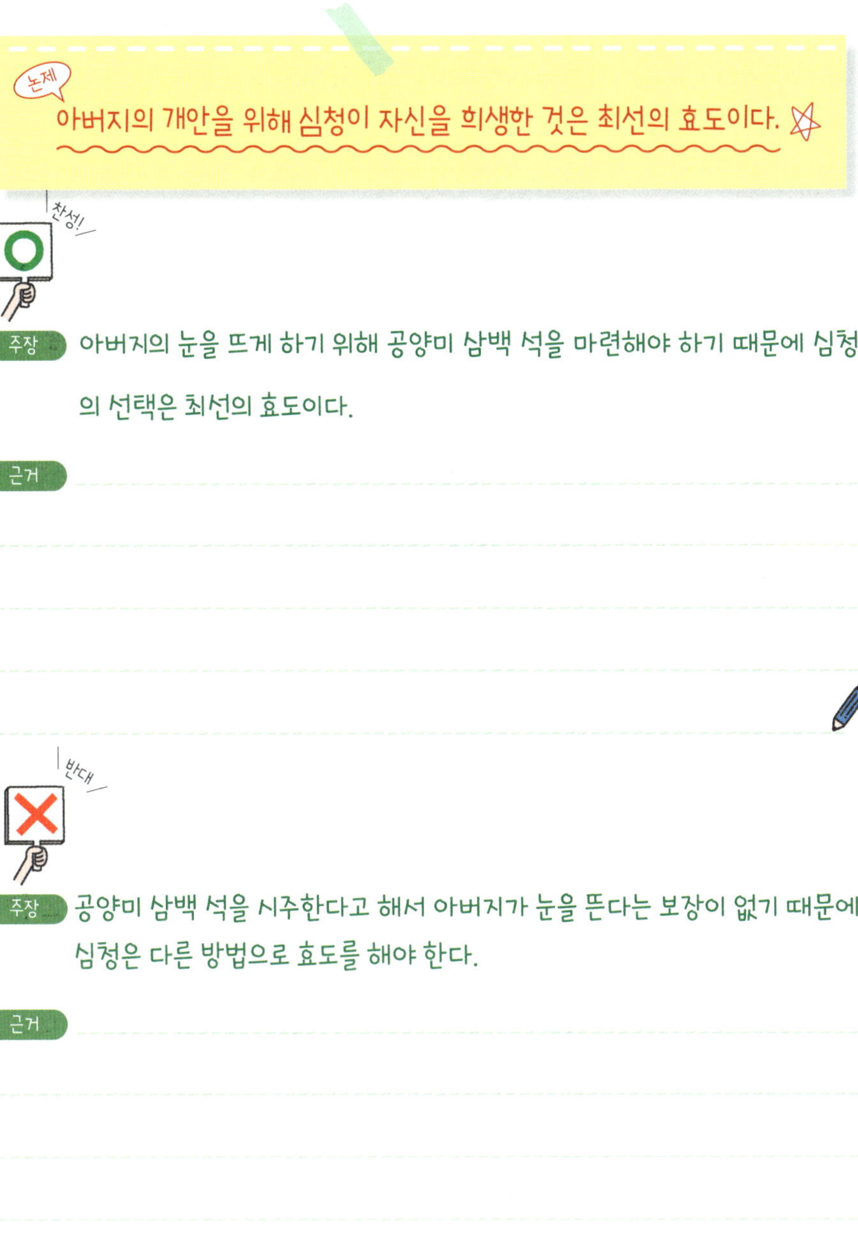

주장 아버지의 눈을 뜨게 하기 위해 공양미 삼백 석을 마련해야 하기 때문에 심청의 선택은 최선의 효도이다.

근거

주장 공양미 삼백 석을 시주한다고 해서 아버지가 눈을 뜬다는 보장이 없기 때문에 심청은 다른 방법으로 효도를 해야 한다.

근거

질투와 욕망이
불러일으킨
한 가정의 비극

장화홍련전

작품 함께 읽기

　세종대왕 때, 평안도 철산에 배무룡이라는 사람이 살았습니다. 그는 좌수(座首, 마을의 책임자)를 지내며 넉넉하게 살았습니다. 배무룡에게는 장화와 홍련이라는 예쁜 두 딸이 있었습니다.

　그러나 어머니 장씨가 병으로 세상을 떠났습니다. 어린 자매는 엄마를 잃고 몹시 슬퍼했습니다. 배무룡은 집안을 이을 아들이 필요하다 생각하여 허씨를 후처(後妻, 두 번째 아내)로 맞아들였습니다.

　허씨는 아들 셋을 낳았지만, 전처의 딸인 장화와 홍련을 몹시 미워했습니다. 두 자매를 시기(猜忌, 미워하고 질투함)하며 괴롭혔습니다.

　어느 날, 허씨는 흉계(凶計, 나쁜 꾀)를 꾸몄습니다. 그러고는 배무룡에게 몰래 말했습니다.

　"큰일이 났습니다. 장화가 낙태(落胎, 아이를 잃는 일)를 한 것 같습니다."

　허씨는 양반 집안의 체면을 들먹이며 겁을 주었습니다. 배무룡은 크게 놀라 장화의 방으로 갔습니다. 이불을 들추자, 허씨는 미리 준비한 피 묻은 쥐를 꺼내며 소리쳤습니다.

　어리석은 배무룡은 그 말을 그대로 믿고 말았습니다.

　"이 일을 어찌해야 하겠는가."

　허씨는 조용히 말했습니다.

　"그 아이를 몰래 처리(處理, 일을 정리함)하는 것이 좋겠습니다."

결국 배무룡은 아들 장쇠에게 장화를 연못으로 데려가라고 명령했습니다. 장화는 모든 일을 눈치채고도 동생 홍련을 깨워 마지막 인사를 했습니다.

"아버지와 어머니를 잘 모시거라."

두 자매는 서로 붙잡고 통곡(痛哭, 크게 울음)했습니다.

연못에 도착한 장화는 억울함을 말하며 홍련을 잘 돌봐 달라고 부탁했습니다. 그리고 깊은 물속으로 몸을 던졌습니다. 참으로 원통한 죽음이었습니다. 그 순간 호랑이가 나타나 장쇠를 물어뜯었습니다. 장쇠는 크게 다치고 말았습니다.

그 뒤 허씨는 홍련을 더욱 심하게 학대(虐待, 괴롭힘)했습니다. 홍련은 언니의 죽음을 알고 슬픔에 잠겼습니다. 어느 날 꿈에 장화의 혼령(魂靈, 죽은 사람의 넋)이 나타나 억울한 사연을 알려 주었습니다.

홍련도 결국 언니가 죽은 연못으로 가 몸을 던졌습니다.

그 뒤로 연못에서는 밤마다 울음소리가 들렸습니다. 새로 오는 부사(府使, 고을 수령)마다 그 혼령을 보고 놀라 죽었습니다. 사람들은 그 고을을 '폐읍'이라 부르며 두려워했습니다.

이때 정동우라는 용감한 사람이 철산 부사로 부임(赴任, 벼슬을 맡아 감)했습니다. 어느 밤, 아름다운 여인이 나타나 절을 하며 말했습니다.

"저는 홍련입니다. 계모 허씨가, 장화 언니가 낙태를 했다며 쥐에 피를 묻혀 거짓으로 일을 꾸몄습니다. 그러더니 결국 언니를 연못에 빠뜨려 죽게 했습니다. 억울함을 풀어주십시오."

부사는 다음 날 배무룡 부부를 불러 문초(問招, 잘못을 따져 물음)했습니다. 그러나 증거가 없었습니다. 그날 밤 두 자매가 꿈에 다시 나타나 말했습니다.

"그 낙태물의 배를 갈라 보십시오."

부사가 살펴보니 쥐똥이 나왔습니다. 거짓이 드러난 것입니다.

감사(監司, 지방을 다스리는 관리)는 임금께 보고했고, 임금은 크게 노했습니다.

"허씨를 능지처참(凌遲處斬, 큰 죄인을 엄하게 벌함)하라."

허씨와 장쇠는 벌을 받았습니다. 마침내 장화와 홍련의 억울함이 풀렸습니다. 부사는 두 자매의 시신을 정성껏 장례 지냈습니다.

그날 밤 자매의 혼령이 나타나 감사 인사를 했습니다. 이후 고을은 다시

- 「장화홍련전」은 가정 비극을 중심으로 원혼(冤魂: 억울한 마음을 가진 영혼)의 개입을 통해 정의가 실현되는 권선징악(勸善懲惡: 착한 일은 칭찬하고, 나쁜 일은 벌주는 것) 구조의 고전소설이다.
- 이 작품은 가부장적 질서 속에서 발생한 억울한 죽음을 초월적 장치를 통해 해결하는 서사이다.

평안해졌습니다.

훗날 배무룡은 새 아내 윤씨를 맞았습니다. 윤씨는 쌍둥이 딸을 낳았고, 이름을 다시 장화와 홍련이라 지었습니다. 사람들은 두 자매가 환생(還生, 다시 태어남)했다고 말했습니다.

이 이야기는 권선징악(勸善懲惡, 착한 일을 권하고 나쁜 일을 벌함)의 뜻을 전합니다. 억울한 일은 반드시 밝혀지고, 정의(正義, 바른 도리)는 결국 이긴다는 교훈을 주는 이야기입니다.

한눈에 보는 「장화홍련전」

 작가 소개

「장화홍련전」은 작자를 알 수 없는 작자 미상의 고전 소설이다.

등장인물

- **배 좌수(배무룡)** 허씨 부인의 계략에 속아 넘어가는 무능하고 무책임한 가장이다.
- **장씨 부인** 두 딸 장화와 홍련을 낳고 일찍 세상을 떠난 배 좌수의 정실부인.
- **허씨 부인** 장씨 부인이 죽고 배 좌수의 후처로 들어온 탐욕스러운 인물로 장화와 홍련을 학대하여 죽음에 이르게 한다.

- **장쇠** 허씨 부인의 아들로 장화를 죽게 하는 데 동조하는 인물. 호랑이에게 사지를 뜯겨 불구가 되고, 후에 교수형에 처해진다.

- **장화, 홍련** 용모와 재주가 뛰어나며 효성이 지극한 배 좌수의 두 딸로 억울하게 죽게 된다.

- **윤씨 부인** 배 좌수의 세 번째 부인으로 쌍둥이 딸을 낳고 행복하게 산다.

핵심 정리

- **갈래** 고전 소설, 가정 소설, 계모형(繼母型) 소설
- **성격** 전기적, 교훈적
- **배경** 시간-조선 세종 때/공간-평안도 철산
- **주제** 가정불화로 인한 비극과 권선징악(勸善懲惡)
- **특징** -계모 설화, 신원 설화, 환생 설화를 근원으로 하고 있음.

  -고전 소설의 전형적 주제인 권선징악의 내용을 담고 있음.

  -무능한 가장 배 좌수를 통해 조선 사회의 가부장제를 비판.

함께하는 인문학 수업

「장화홍련전」은 작자 미상의 고전 소설로, 계모와 전처 자식 사이의 갈등으로 인해 전처의 자식들이 죽음에 이르는 비극적 사건을 다루고 있습

니다. 동시에 무책임하고 무능한 가장으로 인해 한 가정이 파멸하는 과정을 보여 주는 작품이기도 합니다. 우리가 잘 알고 있는 「콩쥐팥쥐전」과 함께 대표적인 '계모형(繼母型) 소설'로 꼽힙니다.

대부분의 고전 소설이 그렇듯, 이 작품 역시 착한 사람은 복을 받고 악한 사람은 벌을 받는다는 권선징악의 내용을 담고 있습니다. 형식 면에서는 산문체와 운문체가 섞여 있으며, 작가가 직접 개입해 자신의 감상과 평가를 덧붙이는 '편집자적 논평'도 자주 등장합니다. 예를 들어 "아, 슬프도다.", "가련하기 그지없다."(「장화홍련전」 원문 참고)와 같은 표현은 독자의 감정을 이끌어 주는 장치입니다.

이야기는 조선 세종 때 평안도 철산에 살던 배무룡이라는 좌수의 가정에서 시작됩니다. 그는 장화와 홍련이라는 두 딸을 두었으나, 아내가 세상을 떠나자 대를 잇기 위해 허씨와 재혼합니다. 허씨는 세 아들을 낳았지만, 전처의 딸들을 몹시 미워하며 학대합니다. 장화가 시집을 가게 되면 재산이 줄어들 것을 걱정한 허씨는 장화를 없애기로 결심하고 흉계를 꾸밉니다. 큰 쥐를 잡아 털을 뽑고 피를 묻혀 장화의 이불 속에 넣은 뒤, 이를 낙태한 증거라고 속여 배 좌수를 기만합니다.

허씨의 말을 그대로 믿은 배 좌수는 분노하여 아들 장쇠에게 장화를 연못에 빠뜨려 죽이도록 명합니다. 이후 홍련은 장쇠를 통해 언니의 죽음을 알게 되고, 꿈에 나타난 장화의 혼령에게 억울한 사연을 듣습니다. 결국 홍련 또한 언니가 죽은 연못에 몸을 던지고 맙니다.

그 뒤 두 자매의 혼령은 억울함을 풀기 위해 부사를 찾아갑니다. 새로 부임한 부사는 자매의 사연을 듣고 사건을 재조사한 끝에 진실을 밝혀냅니다. 그 결과 계모 허씨는 능지처참되고, 장쇠는 교수형에 처해집니다. 그리고 배 좌수는 훈방되어 풀려납니다. 부사는 연못에서 자매의 시신을 수습해 장례를 치르고, 비를 세워 그들의 원통함을 위로합니다. 그날 밤 두 자매의 혼령은 다시 나타나 감사의 뜻을 전하고, 부사가 훗날 높은 벼슬인 통제사에 오를 것이라 예언합니다. 실제로 그는 이후 승진하게 됩니다.

이 작품의 표면적 주제는 권선징악이지만, 그 이면에는 조선 시대 사회 구조에 대한 비판이 담겨 있습니다. 계모와 전처 자식의 갈등은 후처 제도의 모순을 드러내며, 무엇보다 친딸을 믿고 보호해야 할 아버지 배 좌수가 오히려 허씨의 말에 휘둘려 딸들을 죽음으로 몰아넣는 모습은 무능한 가장에 대한 비판으로 읽힙니다. 더 나아가 좌수가 큰 처벌을 받지 않고 다시 가정을 꾸려 살아간다는 결말은 남성 중심의 가부장제 사회의 한계를 보여 주는 씁쓸한 장면이라 할 수 있습니다.

이처럼 「장화홍련전」은 단순한 비극 이야기를 넘어 사회와 인간을 성찰하게 하는 작품입니다. 문학뿐 아니라 연극과 영화 등 여러 장르로 각색되며 오늘날까지 사랑받는 이유도 여기에 있습니다. 시대와 세대를 넘어 공감할 수 있는 보편성을 지닌 고전의 힘을 느끼며, 동시에 현대적 관점에서 비판적으로 바라보는 태도 역시 필요할 것입니다.

생각하는 힘 기르기

1. 다음 단어를 넣어 문장을 만들어보세요.

① **함구** (緘봉할 함 口입 구) ···→ 입을 다문다는 뜻으로, 말하지 아니함을 이르는 말.

문장 연습

② **대경실색** (大큰 대 驚놀랄 경 失잃을 실 色빛 색) ···→ 몹시 놀라 얼굴빛이 하얗게 질림.

문장 연습

③ **일벌백계** (一한 일 罰죄 벌 百일백 백 戒경계할 계) ···→ 한 사람에게 벌을 주어 백 사람을 경계한다는 뜻으로, 다른 사람들에게 경각심을 불러일으키기 위해 본보기로 한 사람에게 엄한 처벌을 내리는 일.

문장 연습

2. 「장화홍련전」의 주제에 대해 적어보세요.

3. 이 작품의 주된 갈등은 무엇인가요? ('함께하는 인문학 수업' 내용을 참고하세요.)

4. 장화, 홍련의 아버지 배 좌수는 자신의 친딸들을 믿고 보호해줘야 하는 가장이지만 오히려 후처 허씨의 말에 휘둘려 딸들을 죽음에 이르게 하는 어리석고 무능한 인물입니다. 또한 계모 허씨와 장쇠는 죽음으로써 죗값을 치르지만 배 좌수는 풀려나 새로운 가정을 꾸리며 행복하게 살아갑니다. 배 좌수가 처벌을 받지 않고 행복한 새 가정을 꾸리는 결말은 과연 옳은 것일까요? 여러분의 생각을 정리해 보세요.

배 좌수가 처벌을 받지 않고 새 가정을 꾸리며 행복하게 사는 결말은 합당하다.

주장 배 좌수가 행복하게 살아야 장화와 홍련도 안심하게 될 것이다.

근거

주장 자식의 울타리가 되어야 할 보호자가 오히려 자식들을 죽음에 이르게 하였으니 배 좌수는 죗값을 치러야 한다.

근거

지혜와 도술로
세상을 움직인
박씨 여인의 이야기

박씨전

작품 함께 읽기

조선 인조 때의 이야기입니다. 이득춘이라는 사람에게 이시백이라는 아들이 있었습니다. 이시백은 어려서부터 총명(聰明, 매우 똑똑함)하고 기상(氣像, 씩씩한 기운)이 남달랐습니다.

어느 날 금강산에서 수양(修養, 마음과 몸을 닦는 일)을 하던 도사(道士, 도를 닦는 사람) 박 처사가 찾아왔습니다. 그는 말했습니다.

"제 딸과 혼인(婚姻, 결혼)을 맺어 주십시오."

이득춘은 박 처사의 인품(人品, 사람의 됨됨이)을 깊이 믿고 있었기 때문에 허락했습니다. 그리하여 이시백이 열여섯 살이 되던 해, 두 사람은 혼례(婚禮, 결혼식)를 올렸습니다.

그런데 신부가 가마에서 내려 얼굴을 가린 천을 벗자, 집안 사람들은 모두 놀랐습니다. 신부의 모습이 몹시 흉하게 보였기 때문입니다. 눈은 작고, 코는 울퉁불퉁했으며, 키는 매우 크고 다리도 약간 저는 듯했습니다. 어느 한 곳 예쁘다고 할 수 없는 모습이었습니다.

이시백은 부인의 겉모습만 보고 점점 멀리하기 시작했습니다. 집안의 노비들까지 따라 하며 박씨를 업신여겼습니다. 시아버지 이득춘이 아들을 크게 꾸짖었지만, 박씨를 향한 박대(薄待, 차갑게 대함)는 날로 심해졌습니다.

어느 날 박씨는 시아버지께 말했습니다.

“후원에 작은 초가집을 지어 주시면 그곳에서 지내겠습니다.”

그렇게 박씨는 ‘피화당(避禍堂, 재앙을 피하는 집)’이라는 초가집에서 살게 되었습니다. 몸종 계화가 함께 지냈습니다.

사실 박씨는 지혜(智慧, 슬기로운 생각)가 뛰어나고 도술(道術, 신기한 재주)에 능한 사람이었습니다. 그는 병든 말을 헐값에 사서 정성껏 돌보아 명마(名馬, 훌륭한 말)로 만들었고, 신묘한(神妙, 매우 신기하고 뛰어남) 힘이 담긴 연적으로 남편이 장원 급제(壯元及第, 과거 시험에서 1등을 함)하도록 도왔습니다. 그러나 이시백은 여전히 마음을 열지 않았습니다.

어느 날 친정아버지 박 처사가 다시 찾아와 말했습니다.

“이제 액운(厄運, 나쁜 운)이 끝났으니 허물을 벗어도 된다.”

박씨는 전생의 죄로 흉한 껍질을 쓰고 있었던 것입니다. 때가 되자 그 껍질을 벗고 아름다운 여인으로 변했습니다. 그제야 이시백은 외모로만 판단했던 자신의 잘못을 뉘우쳤습니다. 그 뒤로 두 사람은 화목(和睦, 사이좋게 지냄)하게 살았습니다.

그 무렵 북쪽 오랑캐가 조선을 침략(侵略, 쳐들어옴)하려는 계략(計略, 꾀)을 세우고 있었습니다. 박씨는 이를 미리 알아차리고 남편에게 알렸습니

다. 그러나 영의정 김자점은 "요망(妖妄, 수상하고 믿기 어려움)한 말"이라며
믿지 않았습니다.

결국 오랑캐는 동대문을 부수고 한양으로 쳐들어왔습니다. 백성들은
큰 피해를 입었고, 임금은 남한산성으로 피신(避身, 몸을 피함)했습니다. 끝
내 항복까지 하게 되었습니다.

이에 분노한 박씨는 도술을 써서 적장을 물리쳤습니다. 계화가 주문을
외우자 폭풍우와 눈보라가 몰아쳐 적군과 말이 얼어붙었습니다. 적장 용
울대가 용서를 빌자 박씨는 말했습니다.

"왕비는 데려갈 수 없다. 예(禮, 지켜야 할 도리)를 갖추지 않으면 너희를
멸하겠다."

적군은 두려움에 물러갔습니다.

전란(戰亂, 전쟁으로 어지러운 일)이 끝난 뒤 임금은 박씨를 '충렬부인(忠烈
夫人, 나라에 충성과 용기를 다한 부인)'이라 부르며 크게 칭찬했습니다. 높은
벼슬과 녹봉(祿俸, 나라에서 주는 봉급)을 내렸습니다.

처음 흉한 모습으로 시집온 것은 남편이 여색(女色, 여성의 아름다운 겉모
습)에만 빠지지 않게 하려는 뜻이었습니다. 피화당에 팔문진(八門陣, 여덟

- 「박씨전」은 외모 중심의 가치관을 비판하고, 지혜와 도덕적 능력을 통해 국가적 위기
  를 극복하는 영웅적 여성 서사이다.
- 이 작품은 가정 내 갈등과 국가적 전란을 결합하여 개인의 덕성과 국가의 운명을 연결
  하는 구조를 지닌다.

최소한의
초등 고전 인문학의 힘

방향으로 짜는 진법)을 친 것도 훗날 나라의 화(禍, 재앙)를 막기 위함이었습니다. 왕비를 지켜 낸 것은 변고(變故, 뜻밖의 일)를 막기 위함이었고, 세자를 보내게 한 것은 하늘의 뜻을 거스르지 않기 위함이었습니다.

이후 박씨는 충신(忠臣, 나라에 충성하는 사람)처럼 나라를 돕고, 집안을 잘 이끌었습니다. 그의 이름은 후세(後世, 뒷날 사람들)까지 길이 전해졌습니다.

이 이야기는 사람을 겉모습만 보고 판단하지 말라는 교훈을 줍니다. 또한 지혜와 충성(忠誠, 나라와 사람을 향한 바른 마음)이 결국 가정과 나라를 지킨다는 뜻을 알려 주는 이야기입니다.

한눈에 보는 「박씨전」

작가 소개

「박씨전」은 작자를 알 수 없는 작자 미상의 고전 소설이다.

등장인물

- **박씨 부인** 현명하고 비범한 능력을 지니고 있으며 오랑캐가 조선을 침입하자 신묘한 재주로 오랑캐 장수를 혼낸다. 조선의 긍지와 자존심을 지킨 영웅적 기상을 지닌 당찬 여성이다.
- **이시백** 박씨 부인의 남편으로 아내가 준 연적으로 장원 급제를 하여 높은

벼슬에 오른다. 처음에는 아내의 흉측한 외모 때문에 가까이 하지 않았으나 아내가 허물을 벗고 아름다운 모습으로 돌아오자 지난날 자신의 잘못을 뉘우치고 아내를 아끼며 어진 정치를 펼치는 인물이다.

- **이득춘** 조선 인조 때의 재상으로 박씨 부인의 시아버지이다. 흉측한 외모 때문에 모두가 박씨 부인을 박대할 때 며느리의 심성과 지혜를 알아보고 따뜻하게 대하는 덕행이 있는 인물이다.
- **박 처사** 금강산에 사는 신선으로 박씨 부인의 아버지이다.
- **임경업** 애국심이 뛰어나고 유능한 조선의 장군이다.

핵심 정리

- **갈래** 고전 소설, 한글 소설, 군담(軍談) 소설(전쟁 소설), 역사 소설
- **성격** 전기적, 교훈적
- **배경** 시간-조선 시대 병자호란 무렵/공간-청나라, 조선
- **주제** -박씨 부인의 영웅적 기상과 재주

    -청나라에 대한 적개심과 복수심
- **특징** -바보 온달 설화, 서동 설화 등을 근원으로 하고 있음.

    -변신 모티브가 반영됨.

    -실존 인물을 등장시켜 사실성을 극대화함.

함께하는 인문학 수업  

　「박씨전」은 바보 온달 설화와 서동 설화 등을 근원 설화로 삼고 있으며, 전생의 죄로 인해 흉측한 허물을 쓰고 있다가 시간이 흐른 뒤 속죄하여 아름다운 여인으로 변하는 변신 모티브를 반영한 작품입니다. 또한 1636년 청나라가 조선을 침입한 '병자호란'을 배경으로 하여, 이시백과 임경업 등 실존 인물을 등장시킴으로써 작품의 사실성을 높였습니다.

　작품의 내용을 살펴보면 다음과 같습니다. 조선 인조 때 이득춘의 아들 이시백은 어릴 적부터 총명하고 학문과 무예가 뛰어난 인물이었습니다. 어느 날 금강산에 사는 도사 박 처사가 자신의 딸과 이시백의 혼인을 제안하자, 이득춘은 이를 흔쾌히 허락합니다. 그리하여 이시백이 열여섯이 되던 해에 박 처사의 딸과 혼인하게 됩니다. 그러나 혼인식 날, 박씨 부인이 얼굴을 가리고 있던 천을 걷자 흉측한 외모가 드러났습니다. 이 때문에 박씨 부인은 남편 이시백뿐 아니라 집안사람들에게까지 박대를 당합니다. 이시백은 몇 달 동안 부인에게 가까이하지 않았고, 아버지가 꾸짖고 타일러도 마음을 고치지 않았습니다.

　하지만 박씨는 본래 지혜롭고 도술에 능한 인물이었습니다. 명마를 길러 집안을 일으키고, 신묘한 능력으로 남편을 장원 급제하게 합니다. 그럼에도 이시백의 마음은 쉽게 움직이지 않았습니다. 그러던 어느 날, 박씨의 외모가 변하는 일이 일어납니다. 전생의 죄로 인해 흉측한 허물을 쓰고 있었던 박씨가 때가 되자 허물을 벗고 아름다운 여인으로 돌아온 것입니다. 그제야 이시백은 자신의 잘못을 뉘우치고 박씨를 진심으로 아끼며 사랑하게 됩니다.

이 무렵 청나라가 조선을 침략하려 하자, 박씨는 이를 미리 감지하고 대비할 것을 권합니다. 그러나 조정 대신들의 반대로 대비가 이루어지지 못하고, 결국 병자호란이 일어나 임금은 남한산성으로 피신하고 항복하게 됩니다. 수많은 백성이 희생되자 임금은 박씨의 말을 듣지 않은 것을 후회하고, 훗날 박씨를 충렬부인에 봉합니다. 이시백과 박씨 부인은 화목하게 살다가 한날한시에 세상을 떠납니다.

「박씨전」은 박씨의 현명함과 신묘한 능력을 통해 청나라에 대한 적개심과 복수 의식을 드러낸 역사 군담 소설입니다. 전란으로 상처 입은 민족의 자존심을 되살리고, 무능한 집권층을 비판하려는 의식이 담긴 작품입니다. 특히 여성인 박씨를 중심 인물로 내세워 영웅적 기상을 보여 준다는 점에서 다른 고전 소설과 차별됩니다. 이를 통해 외모가 아니라 내면의 가치가 중요하다는 교훈과 함께, 여성의 능력과 역할에 대한 인식 변화도 보여 주고 있습니다.

생각하는 힘 기르기

1. 다음 단어를 넣어 문장을 만들어보세요.

① 추레하다 ┈▸ 겉모양이 깨끗하지 못하고 생기가 없다.

문장 연습

② 신묘 (神귀신 신 妙묘할 묘)하다 ┈▸ 신통하고 묘하다.

문장 연습

③ 선견지명 (先먼저 선 見볼 견 之갈 지 明밝을 명) ┈▸ 어떤 일이 일어나기 전에 미리 앞을 내다보고 아는 지혜.

문장 연습

2. 「박씨전」의 주제에 대해 적어보세요.

3. 이 작품은 일반적인 고전 소설과 비교하여 어떻게 다른가요?('함께하는 인문학 수업' 내용을 참고하세요.)

4. 박씨 부인은 전생의 죄로 흉측한 허물을 쓴 추녀의 모습으로 이시백과 혼인합니다. 남편 이시백은 그런 부인의 모습을 보고 수개월간 멀리 하다가 허물을 벗고 아름다운 여인의 모습이 되자 그때부터 자신의 잘못을 뉘우치고 부인을 사랑하게 됩니다. 이렇듯 이 작품은 외면보다 내면의 가치를 강조하고 있습니다. 그렇다면 외면보다 내면이 항상 더 중요한 것일까요? 여러분의 생각을 적어보세요.

주장 사람의 진정한 가치는 외모보다 내면에서 비롯된다.

근거

주장 내면만큼 외면 또한 중요한 시대이기 때문에 외면의 가치를 무시할 수 없다.

근거

비범한 재주로
나라를 구한
조웅의 영웅 서사

◀◀◀ - - - - - - - - - - - - - - - - - - - ▶▶▶

조웅전

작품 함께 읽기

　중국 송(宋)나라 문제(文帝) 때의 일입니다. 나라에는 조정인이라는 충신(忠臣, 나라에 충성하는 신하)이 있었습니다. 그는 공을 세운 신하였지만, 간신(奸臣, 나쁜 꾀를 부리는 신하) 이두병의 모함을 받아 억울하게 죽고 말았습니다.

　황제는 그의 충성을 슬퍼하며 어린 아들 조웅을 궁으로 불러들였습니다. 조웅은 총명하고 기개(氣槪, 씩씩한 기운)가 뛰어났습니다. 태자도 그를 친형제처럼 아끼며 함께 공부하고 지냈습니다.

　이를 지켜본 이두병은 마음이 불안했습니다. 언젠가 자신의 죄가 드러날까 두려웠기 때문입니다. 그래서 조웅을 없앨 계책(計策, 꾀)을 꾸몄습니다.

　문제가 세상을 떠나자, 이두병은 어린 황제를 외딴섬으로 내쫓고 스스로 황제가 되었습니다. 나라의 권세를 모두 잡은 것입니다. 백성들은 두려움에 떨었습니다.

　어느 날 어린 조웅은 분노를 참지 못하고 거리 곳곳에 이두병의 죄를 적은 글을 붙였습니다. 그날 밤, 어머니는 아들이 큰 화(禍, 재앙)를 입는 꿈을 꾸었습니다. 놀란 어머니는 조웅을 데리고 몰래 궁을 떠났습니다.

　다음 날 황제는 크게 화를 내며 범인을 잡으라 명령했습니다. 조웅 모자를 잡아오면 큰 상을 주겠다고 하니, 온 나라가 들썩였습니다.

세월이 흘러 조웅은 아홉 살이 되었습니다. 어느 날 마을에서 상금 이야기를 듣고, 모자는 다시 산속 깊은 곳으로 숨었습니다. 두 사람은 바위 밑에 앉아 서로를 껴안고 울었습니다.

"이제 어디로 가야 한단 말이냐."

그러나 어린 조웅은 담담하게 말했습니다.

"인명은 재천(在天, 사람의 목숨은 하늘에 달려 있음)이라 하였습니다. 살고 죽는 것은 하늘의 뜻이니 두려워하지 마십시오."

어머니는 마음을 굳게 먹었습니다.

"우리는 모습을 바꾸자. 나는 머리를 깎아 비구니가 되겠다."

어머니는 눈물을 참고 가위를 내밀었습니다.

"내 머리를 깎아라."

조웅은 차마 손을 대지 못하고 울었습니다. 그러나 어머니의 뜻을 따르기로 했습니다. 머리가 잘려 나가고, 어머니는 장삼을 입은 비구니가 되었습니다. 그 모습은 보는 이의 마음을 아프게 할 만큼 슬펐습니다.

그 뒤 두 사람은 비구니와 어린 상좌로 가장하여 떠돌며 구걸로 살아갔습니다.

- 「조웅전」은 충신의 억울한 죽음과 간신의 전횡 속에서 성장한 영웅이 정의를 회복하는 과정을 통해 충의와 권선징악의 세계관을 구현한 작품이다.
- 조웅의 성장은 개인적 복수의 완성을 넘어 국가적 정의의 실현으로 확장된다.
- 이 작품은 정치 현실 속에서 이상적 군주-충신 관계를 회복하려는 의식을 반영한다.

그러다 월경 대사를 만나 강선암이라는 절에 머물게 되었습니다. 그곳에서 조웅은 병법과 무술을 배우며 실력을 쌓았습니다. 세월이 흐르자 그는 훌륭한 장수가 되었습니다.

마침 서번이 침입(侵入, 쳐들어옴)하였습니다. 조웅은 용기와 지략(智略, 슬기로운 꾀)으로 적을 물리쳤습니다. 그의 이름은 널리 알려졌습니다.

이두병은 조웅을 잡으려 더 많은 군사를 보냈지만, 오히려 붙잡히고 말았습니다. 섬에 갇혀 있던 황제는 다시 자리에 돌아왔고, 간신은 벌을 받았습니다.

조웅은 공을 인정받아 제후(諸侯, 높은 벼슬을 받은 사람)가 되었고, 아버지의 억울함도 마침내 풀렸습니다.

이 이야기는 충신의 억울한 죽음과 간신의 악행, 그리고 어린 영웅의 성장 이야기입니다. 특히 어머니가 머리를 깎아 아들을 지키는 장면은 모성(母性, 어머니의 깊은 사랑)을 잘 보여 줍니다.

아무리 어려운 일을 겪어도 뜻을 잃지 않으면 정의(正義, 바른 도리)는 반드시 이긴다는 교훈을 전해 주는 이야기입니다.

한눈에 보는 「조웅전」

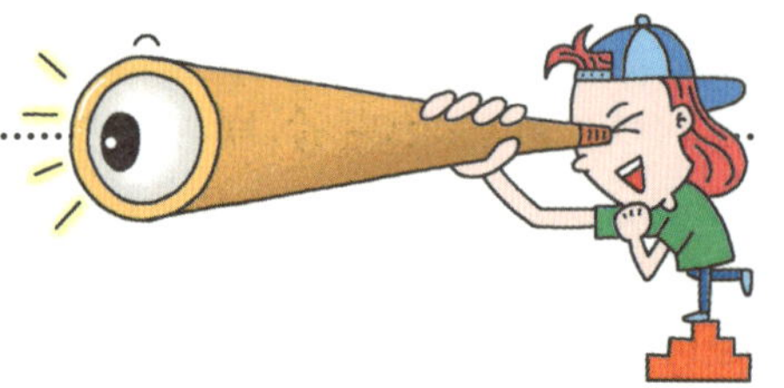

 **작가 소개**

「조웅전」은 작자를 알 수 없는 작자 미상의 고전 소설이다.

등장인물

- **조웅** 충신 조 승상의 아들로 도술을 배워 아버지를 죽음에 이르게 한 이두병을 처단하고 태자를 복위시키는 영웅적 인물이다.

- **이두병** 충신 조 승상을 죽게 만든 간신으로 어린 태자를 귀양 보낸 후 권력을 차지하는 탐욕스러운 인물이다.

- **월경 대사, 화산 도사, 철관 도사** 조웅에게 도술을 가르쳐주는 비범한 능력을 지닌 조웅의 조력자들이다.

- **장 소저** 조웅과 혼인을 약속한 장 진사의 딸로 조웅과 헤어진 뒤 그를 연모하다 병이 들어 죽게 되나 조웅이 구해 온 선약을 먹고 다시 살아난다. 온갖 시련 속에서도 조웅과의 절개를 지키는 인물이다.

핵심 정리

- **갈래** 고전 소설, 한글 소설, 영웅 소설, 군담 소설(전쟁 소설)

- **성격** 영웅적, 초현실적

- **배경** 시간-18~19세기/공간-중국

- **주제** 진충보국(나라에 충성하는 마음)과 자유연애 사상
- **특징** -영웅의 일대기 구조를 지님.

  -자유연애 사상이 반영됨.

  -초인의 도움으로 운명을 개척하는 영웅담.

  -한시를 삽입하여 구성의 변화를 줌.

함께하는 인문학 수업 

「조웅전」은 조선 후기에 쓰인 대표적인 영웅 소설로, 중국 송나라를 배경으로 주인공 조웅이 간신 이두병의 모함으로 고난을 겪다가 끝내 그를 처단하고 황실의 질서를 바로 세우는 과정을 그린 작품입니다. 작품의 전반부는 조웅의 고행담과 애정담이 중심이 되고, 후반부는 전쟁을 통한 무용담으로 전개됩니다. 이러한 구성은 당대 사회 현실과 민중의 염원을 반영하여 많은 사랑을 받았습니다.

줄거리를 살펴보면 다음과 같습니다. 송나라 문제 때 좌승상 조정인은 우승상 이두병의 모함으로 억울하게 자결합니다. 천자는 이를 안타깝게 여겨 그의 아들 조웅을 궁으로 불러 태자와 함께 지내게 합니다. 그러나 이두병은 조웅까지 제거하려 하고, 이를 알아챈 조웅의 어머니는 아들과 함께 궁을 떠나 떠돌이 생활을 하게 됩니다.

얼마 뒤 천자가 세상을 떠나고 어린 태자가 즉위하지만, 이두병은 태자를 외딴섬 계량도로 유배 보내고 스스로 황제가 되는 악행을 저지릅니다. 한편 조웅 모자는 온갖 고난 속을 떠돌다가 월경 대사를 만나 강선암에 머물게 됩니다. 조웅은 그에게서 학문과 술법을 배우고, 이후 화산 도사에게서 조웅검을 얻습니다. 또 철관 도사를 만나 무술과 도술을 익히고 용마까지 얻게 됩니다. 이처럼 조웅은 여러 조력자에게 능력을 전수받으며 점차 영웅으로 성장합니다.

어느 날 조웅은 어머니를 만나러 가는 길에 장 소저를 만나 서로 사랑하게 되고 혼인을 약속하지만, 상황 때문에 헤어지게 됩니다. 이 무렵 변방의 오랑캐 서번이 위국을 침략하자, 조웅은 위왕을 도와 서번을 격파합니다. 이후 그는 유배된 태자를 구출하고 중국으로 돌아와 명장들과 함께 이두병의 세력을 차례로 제거합니다. 마침내 위왕과 연합하여 수십만 대군을 이끌고 황성으로 진격해 이두병의 목을 베고, 태자를 다시 황제의 자리에 복위시킵니다. 황제로 돌아온 태자는 조웅을 제후로 봉하고, 조웅은 장 소저와 혼인하여 서번의 왕이 되어 행복하게 살아갑니다.

「조웅전」은 군담 소설 가운데서도 창작 군담 소설에 속합니다. 실제 역사적 사건을 바탕으로 한 역사 군담 소설과 달리, 인물과 사건이 허구로 이루어진 가공의 전쟁을 다룬 작품입니다. 간신과 충신의 대립 구도를 중심으로 이야기가 전개되며, 명문가 출신의 주인공이 어린 시절 고난을 겪고 조력자를 만나 능력을 기른 뒤 나라가 위기에 처했을 때 등장하여 적을 물리치고 왕권을 수호하는 전형적인 영웅 일대기의 구조를 보입니다.

발단·전개·위기·절정·결말의 다섯 단계를 거쳐 결국 정의가 승리하는 결말에 이르는 점도 특징입니다.

다만 다른 군담 소설과 달리, 조웅은 천상계의 자손이 아니며 그의 능력 역시 타고난 신통력이 아니라 조력자들에게서 배운 것입니다. 시련 역시 혼자의 힘만으로 극복하기보다는 도움을 받아 이겨 낸다는 점에서 차이를 보입니다. 이는 영웅이 완성된 존재가 아니라 성장하는 인물임을 보여 줍니다.

결국 이 작품은 부패한 권력에 맞서 정의가 승리하는 과정을 통해 독자들에게 통쾌함과 대리 만족을 안겨 줍니다. 또한 조웅과 장 소저의 자유로운 사랑은 당시 관습을 넘어선 모습으로 신선한 매력을 더했습니다. 이러한 이유로 「조웅전」은 시대를 넘어 오늘날까지도 읽히는 대표적인 영웅 소설로 자리 잡았습니다.

생각하는 힘 기르기

1. 다음 단어를 넣어 문장을 만들어보세요.

① **모략** (謀꾀 모 略다스릴 략) ⋯▶ 사실을 왜곡하거나 속임수를 써 남을 해롭게 함.

문장 연습

② **만무** (萬일만 만 無없을 무)하다 ⋯▶ 절대로 없다.

문장 연습

③ **혼비백산** (魂넋 혼 飛날 비 魄넋 백 散흩어질 산) ⋯▶ 몹시 놀라 넋을 잃음.

문장 연습

최소한의
초등 고전 인문학의 힘

2. 「조웅전」의 주제에 대해 적어보세요.

3. 이 작품은 일반적인 영웅 소설과 비교하여 어떤 차이점이 있나요?('함께하는 인문학 수업' 내용을 참고하세요.)

4. 「조웅전」의 의의와 가치에 대해 적어보세요.('함께하는 인문학 수업' 내용을 참고하세요.)

가정의 기강을 바로 세운 현명하고 어진 사씨 부인의 이야기

사씨남정기

작품 함께 읽기

개국공신(開國功臣, 나라를 세우는 데 큰 공을 세운 신하) 유기의 손자 유연수는 어려서부터 매우 총명했습니다. 그는 열다섯 살에 과거에 장원으로 급제하고 한림학사가 되었습니다. 사람들은 그를 천재라며 칭찬했습니다.

하지만 유연수는 곧바로 벼슬길에 나가지 않았습니다. "더 배우고 익힌 뒤 나라에 나가겠습니다." 하고 황제께 말씀드렸습니다. 황제는 그 뜻을 기특하게 여겨 몇 해 동안 더 공부할 시간을 주었습니다.

그 뒤 유연수는 어질고 현명한 사 소저와 혼인하였습니다. 두 사람은 서로를 공경하며 화목하게 살았습니다. 그러나 세월이 흘러도 자식이 없었습니다.

사 부인은 남편에게 조심스럽게 말했습니다.

"제가 복이 부족한 탓이니, 다른 어진 여인을 맞아 가문의 대(代)를 이어 주십시오."

유연수는 한동안 거절했지만, 결국 교씨라는 여인을 첩으로 맞았습니다. 교씨는 겉으로는 상냥했으나 속으로는 욕심이 많고 교활한 사람이었습니다.

얼마 뒤 교씨가 아들을 낳았습니다. 이름은 장주라 하였습니다. 집안에는 기쁨이 가득했습니다.

그리고 마침내 사 부인도 아들을 낳았습니다. 이름은 인아라 지었습니다. 유연수는 뒤늦게 얻은 아들을 매우 사랑했습니다.

이때 동청이라는 사람이 집안에 들어왔습니다. 그는 겉보기에는 충직했으나 속은 교씨와 같았습니다. 두 사람은 남몰래 사통(私通, 몰래 정을 통함)하며 나쁜 일을 꾸몄습니다.

어느 날 교씨는 사 부인이 아끼던 옥지환을 훔쳐 다른 사람에게 주고, 마치 사 부인이 잘못한 것처럼 꾸몄습니다. 유연수의 마음에는 의심이 생겼습니다.

사 부인은 눈물로 말했습니다.

"저는 떳떳합니다. 그러나 제 운명은 당신의 뜻에 맡기겠습니다."

의심은 점점 커졌습니다. 교씨는 더 무서운 짓을 저질렀습니다. 자신의 아들 장주를 독살(毒殺, 독으로 죽임)하고, 그 죄를 사 부인에게 씌운 것입니다.

화가 난 유연수는 사 부인을 집에서 내쫓았습니다. 하인들과 친척들은 안타까워하며 눈물을 흘렸습니다. 시간이 지나자 유연수의 마음에도 후회가 찾아왔습니다.

그 사이 교씨와 동청은 유연수를 모함하여 귀양 보내고 재산을 빼돌렸습니다. 두 사람은 함께 달아났습니다.

쫓겨난 사 부인은 수월암이라는 절에서 묘혜 스님의 도움을 받으며 지냈습니다. 어느 날 스님이 말했습니다.

"오늘은 사월 보름입니다. 어려움에 빠진 이를 구하라 하셨지요. 배를 준비하십시오."

사 부인은 배를 준비해 강가에 머물렀습니다. 그날 밤 한 남자가 도적에게 쫓겨 달려왔습니다. 그는 바로 귀양에서 탈출한 유연수였습니다.

사 부인은 남편을 배에 태워 목숨을 구했습니다. 두 사람은 서로를 알아보고 끌어안고 울었습니다.

유연수는 그동안의 일을 모두 털어놓았습니다. 교씨와 동청의 음모, 재산을 훔친 일, 모함한 일까지 모두 드러났습니다. 사 부인은 슬퍼하면서도 남편을 위로했습니다.

얼마 뒤 나라에서는 간신을 벌하는 숙청(肅淸, 나쁜 신하를 깨끗이 없앰)이 일어났습니다. 억울하게 쫓겨났던 사람들도 다시 불려왔습니다.

유연수도 다시 벼슬을 받고 돌아왔습니다. 이를 금의환향(錦衣還鄕, 성공하여 고향으로 돌아옴)이라 합니다. 그는 잃어버렸던 아들 인아도 되찾았습니다.

교씨는 도망쳐 떠돌다 비참한 처지가 되었습니다. 붙잡혀 와서도 잘못

 수능 1등급용 심화 해설

- 「사씨남정기」는 처첩('아내(妻)'와 '첩(妾)'을 함께 이르는 말) 갈등을 중심으로 전개되는 가정 소설이자, 정치적 우의(寓意: 숨겨진 뜻)를 담은 작품으로, 인과응보와 권선징악의 세계관 속에서 정통성과 도덕 질서의 회복을 그린 소설이다.
- 사씨의 고난은 도덕적 정당성을 강화하는 장치로 기능한다.

을 뉘우치지 않자 결국 벌을 받았습니다. 이것이 권선징악(勸善懲惡, 착한 이를 권하고 악한 이를 벌함)의 결과였습니다.

그 뒤 유연수와 사 부인은 다시 함께 살며 집안을 바로 세웠습니다. 사 부인은 내훈(內訓, 집안의 바른 도리를 적은 글)을 지어 선한 삶의 길을 전했습니다.

두 사람은 팔십 세까지 복락(福樂, 복되고 즐거운 삶)을 누렸습니다.

이 이야기는 말합니다.

착한 마음은 반드시 복을 받고, 나쁜 마음은 결국 드러난다는 것을. 정의(正義, 바른 도리)는 늦어도 반드시 이긴다는 교훈을 전해 주는 이야기입니다.

한눈에 보는 「사씨남정기」

작가 소개

김만중(金萬重, 1637~1692)은 조선 후기 문신(文臣)이자 소설가이다. 숙종 대의 환국 정치 속에서 유배 생활을 거듭하며 혼란스러운 삶을 살았다. 주희의 논리를 비판하고 불교 용어를 사용하는 등 진보적인 사상을 지녔다. 한글로 쓴 문학이야말로 진정한 국문학이라는 국문학관을 피력하며 국문 소설을 다수 창작했으며, 363편에 달하는 시를 남겼다. 대표작으로 『사씨남정기』, 『구운몽』, 『서포만필』 등이 있다.

- **사씨(사정옥)** 유연수의 본처로 현명하고 덕이 깊은 인물. 교씨의 모함에도 끝까지 정절을 지키다가 누명을 벗고 다시 가정으로 돌아온다.
- **유연수(유 한림)** 사씨의 남편으로 학식과 재주가 뛰어나 장원 급제한다. 처음에는 본처 사씨를 아끼나 교씨의 계략에 넘어가 사씨를 내친 뒤 뒤늦게 후회하는 인물이다.
- **교씨(교채란)** 유연수의 첩으로 간사하고 교활한 인물이다. 온갖 흉계로 사씨를 모함하여 내쫓으나 나중에 벌을 받아 죽게 된다.

핵심 정리

- **갈래** 고전 소설, 가정 소설, 풍간(諷諫) 소설, 목적 소설
- **성격** 풍간적(완곡한 표현으로 잘못을 고치도록 함), 가정적
- **배경** 시간-중국 명나라 초기/공간-중국 북경 금릉 순천부
- **주제** -가정 내 처첩 간의 갈등과 사필귀정(事必歸正), 권선징악(勸善懲惡)
  -여성의 덕성과 인내
- **특징** -선인(사씨)과 악인(교씨, 동청)이라는 뚜렷한 인물 구조가 반영됨.
  -사필귀정, 권선징악이라는 유교 사상이 반영됨.
  -표면적으로는 가정 소설이나 당시 사회 문제(가부장제, 축첩 제도, 인현왕후 폐비 사건 등)를 비판함.

　「사씨남정기」는 조선 후기 서포 김만중(金萬重)이 지은 고전 소설로, 유한림의 본처 사씨가 후처 교씨의 계략으로 쫓겨나 온갖 시련과 고난을 겪은 뒤 억울한 누명을 벗고 다시 가정으로 돌아오는 과정을 그린 작품입니다. 겉으로는 한 가정의 처첩 갈등을 다룬 이야기처럼 보이지만, 그 속에는 당대 정치 현실을 비판하려는 뜻이 담겨 있습니다.

　작품의 줄거리를 살펴보면 다음과 같습니다. 명나라 금릉 순천부에 사는 유현은 늦은 나이에 아들 유연수를 얻습니다. 유연수는 열다섯 살에 과거에 장원급제하고 한림학사에 제수되지만, 나이가 어리다는 이유로 학문을 더 닦은 뒤 벼슬길에 나아가기로 결심합니다. 이후 그는 현명하고 덕을 갖춘 사정옥, 곧 사씨와 혼인합니다. 그러나 혼인한 지 아홉 해가 지나도록 아이가 생기지 않자, 사씨는 남편에게 후처를 들이라고 권합니다. 처음에는 이를 거절하던 유연수도 결국 교채란을 첩으로 맞이합니다.

　교씨는 아들을 낳은 뒤 본처 자리를 차지하려는 욕심을 품습니다. 그녀는 문객 동청과 함께 계략을 꾸며 사씨를 모함합니다. 유연수가 쉽게 속지 않자, 교씨는 자신의 아들을 죽이고 그 죄를 사씨에게 뒤집어씌웁니다. 결국 유연수는 교씨의 말을 믿고 사씨를 내쫓은 뒤, 교씨를 본처로 삼습니다. 그러나 교씨의 탐욕과 악행은 여기서 그치지 않습니다. 그녀는 동청과 간통하며 유연수의 재산을 빼돌리고, 동청은 유연수를 참소하여 유배 보냅니다. 지방관이 된 동청은 교씨와 함께 백성들의 재물을 빼앗으며 온갖 만행을 저지릅니다. 하지만 조정에서 진실이 밝혀지고, 충신을 모함한 죄로 동청은 처형됩니다. 그제야 유연수는 자신이 교씨와 동청의 계략에 속았음을 깨닫고 깊이 반성합니다. 그는 사씨의 행방을 수소문하고, 마침내 두 사람은 재회합니다. 유연수는 사씨에게 지난날의 잘못을 사과하고, 교씨를 벌한 뒤 사씨를 다시 본처로 맞이합니다.

이 작품은 선인인 사씨와 악인인 교씨·동청을 뚜렷하게 대비시켜 사필귀정과 권선징악의 주제를 분명히 보여 줍니다. 결국 정의와 참된 사랑이 승리한다는 결말은 독자에게 통쾌함과 대리 만족을 안겨 줍니다. 그래서 이 작품은 시대와 세대를 넘어 오늘날까지도 많은 사랑을 받고 있습니다.

동시에 「사씨남정기」는 단순한 가정 소설이 아니라, 당대 정치 현실을 반영한 풍간 소설이자 목적 소설입니다. 덕을 갖춘 사씨는 인현왕후를, 간악한 교씨는 희빈 장씨를 떠올리게 합니다. 숙종이 인현왕후를 폐출하고 희빈 장씨를 중전으로 삼았던 사건을 배경으로, 임금이 자신의 잘못을 깨닫고 올바른 자리를 되찾기를 바라는 마음에서 창작된 작품이라 할 수 있습니다. 이를 통해 일부다처제와 축첩 제도, 가부장적 사회 속에서 고통받는 여성들의 현실을 간접적으로 비판하고 있습니다.

따라서 「사씨남정기」를 감상할 때에는 겉으로 드러난 권선징악의 이야기뿐 아니라, 그 속에 담긴 시대적 배경과 사회적 의미를 함께 살펴보아야 합니다. 작품이 쓰인 시기와 작가의 의도를 이해할 때, 우리는 이 작품을 더욱 깊이 있게 받아들일 수 있을 것입니다.

생각하는 힘 기르기

1. 다음 단어를 넣어 문장을 만들어보세요.

① **우유부단** (優넉넉할 우 柔부드러울 유 不아닐 부 斷결단할 단) ┉▶ 어물어물 망설이기만 하고 결단성이 없음.

문장 연습

② **밀고** (密빽빽할 밀 告알릴 고) ┉▶ 남몰래 넌지시 일러바침.

문장 연습

③ **귀감** (龜거북 귀 鑑거울 감) ┉▶ 거울삼아 본받을 만한 것.

문장 연습

2. 「사씨남정기」의 주제에 대해 적어보세요.

3. 이 작품은 '풍간 소설(완곡한 표현으로 깨우침을 주는 소설)'이자 '목적 소설(특별한 목적을 가지고 쓰인 소설)'로 불리고 있습니다. 당시 조선 후기 정치 상황과 관련하여 그 이유에 대해 적어보세요.('함께하는 인문학 수업' 내용을 참고하세요.)

4. 이 작품은 처첩 간의 갈등을 다루고 있습니다. 유연수는 교활한 후처 교씨의 말만 믿고 덕성이 있는 본처 사씨를 내쫓고, 결국 교씨에게도 배신을 당하며 스스로 비극을 초래합니다. 뒤늦게 잘못을 뉘우치고 다시 사씨를 불러들인 뒤, 후에 임씨라는 첩을 들여 자식을 낳고 행복하게 삽니다. 이렇듯 조선은 일부다처제(一夫多妻制, 한 남편이 동시에 여러 아내를 두는 혼인 제도), 축첩 제도(蓄妾制度, 국가나 사회에서 첩을 두는 것을 허용하는 제도)가 당연시되는 사회였습니다. 일부다처제에 대한 여러분의 생각은 어떠한가요?

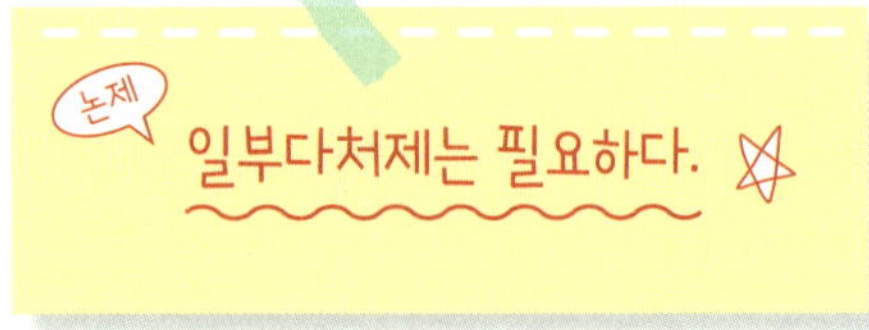

주장 아들을 낳아 대를 잇기 위해서라도 일부다처제는 필요하다.

근거

주장 처첩 간의 갈등은 가정불화의 근원이므로 일부다처제를 허용해서는 안 된다.

근거

신분을 초월한 두 남녀의 비극적 사랑 이야기

운영전

　임진왜란이 끝날 무렵, 유영이라는 한 선비가 수성궁에 놀러 갔다가 술에 취해 잠이 들었습니다. 잠에서 깨어 보니, 그곳에서 한 여인과 한 선비를 만나게 되었습니다. 여인의 이름은 운영, 선비의 이름은 김 진사였습니다. 두 사람은 지난날의 슬픈 이야기를 들려주었습니다.

　세종 대왕께는 여덟 왕자가 있었는데, 그중 셋째가 안평 대군이었습니다. 안평 대군은 글과 그림에 뛰어나 많은 문인들과 어울려 학문을 나누었습니다. 대군이 머물던 궁을 수성궁이라 불렀습니다.

　어느 날 대군은 궁녀들에게 말했습니다.

　"여자라고 하여 재주가 없겠느냐? 너희도 힘써 배우거라."

　그리하여 열 명의 궁녀가 뽑혔고, 그중 한 사람이 바로 운영이었습니다. 운영은 글공부에 힘쓰며 지냈습니다.

　어느 가을날, 한 젊은 선비가 수성궁을 찾았습니다. 이름은 김 진사였습니다. 그는 베옷을 입고 있었지만, 모습은 마치 신선 같았습니다. 운영은 그를 보는 순간 마음이 흔들렸습니다. 김 진사도 운영을 흘끗 바라보며 미소 지었습니다.

　그날 김 진사는 오언사운(五言四韻, 다섯 글자로 네 번 운을 맞춘 시)을 지었습니다. 안평 대군은 그 시를 보고 크게 놀라며 말했습니다.

　"이제야 그대를 만났구나. 천하의 기재(奇才, 뛰어난 재주를 가진 사람)로

다.”

그날 이후 운영은 밤잠을 이루지 못하고, 밥도 잘 먹지 못했습니다. 김 진사를 그리워하는 마음이 깊어졌기 때문입니다.

얼마 뒤, 운영은 벽에 작은 구멍을 내어 편지를 전했습니다. 김 진사도 그 편지를 받고 답장을 보냈습니다. 편지에는 이런 말이 적혀 있었습니다.

“그대를 본 뒤로 마음이 진정되지 않소. 음식도 넘어가지 않고 병이 깊어졌소.”

편지 끝에는 칠언사운 시 한 수가 적혀 있었습니다. 그 시에는 임을 그리워하는 슬픈 마음이 담겨 있었습니다.

이때 무녀(巫女, 굿을 하는 여자)가 궁에 드나들며 편지를 전해 주었습니다. 두 사람의 마음은 점점 깊어졌습니다.

어느 날 운영은 서궁으로 옮겨 살게 되었습니다. 김 진사는 높은 담을 넘지 못해 고민했습니다. 그때 특이라는 어린 종이 사다리를 만들어 주었습니다. 두 사람은 몰래 만나 등불을 끄고 밤을 함께 보냈습니다. 그 기쁨은 이루 말할 수 없었습니다. 이후로도 밤마다 만나 사랑을 나누었습니다.

그러던 어느 날, 안평 대군이 철쭉꽃을 보며 궁녀들에게 오언절구(五言

- 「운영전」은 궁중을 배경으로 한 애정 비극 소설로, 억압된 공간 속에서 이루어지는 사랑과 그 파멸을 그린 작품이다.
- 이 작품은 궁중이라는 폐쇄적 권력 공간 속에서 개인의 사랑이 어떻게 희생되는지를 보여 주는 비극 서사이다.

絕句, 다섯 글자로 이루어진 네 줄의 시)를 지어 보라 하였습니다. 운영의 시에는 임을 그리워하는 마음이 뚜렷이 담겨 있었습니다.

대군은 이를 보고 물었습니다.

"네가 마음에 둔 사람이 누구냐? 혹 김 진사이냐?"

결국 두 사람의 밀회(密會, 몰래 만남)는 들통이 났습니다. 특이 배신했기 때문입니다. 더 이상 갈 곳이 없어진 운영은 스스로 목숨을 끊었습니다.

운영이 죽자 궁인들은 모두 슬퍼했습니다. 김 진사는 금팔찌와 보석을 팔아 쌀을 마련하고, 부처님께 공양하며 운영의 영혼을 위로하려 했습니다. 그는 특에게 절에 다녀오라 하며 불공을 부탁했습니다.

하지만 특은 절에서 이런 소원을 빌었습니다.

"진사는 빨리 죽고, 운영은 살아나 제 아내가 되게 해 주소서."

이 말을 전해 들은 김 진사는 크게 분노했습니다. 그는 목욕재계(沐浴齋戒, 몸과 마음을 깨끗이 함)하고 부처님께 특이 벌을 받게 해 달라고 빌었습니다.

놀랍게도 기도한 지 칠 일 만에 특은 우물에 빠져 죽었습니다.

그 뒤로 김 진사는 세상일에 뜻을 잃었습니다. 조용히 누워 있다가 끝내 세상을 떠났습니다.

이야기를 마친 두 사람은 서로를 바라보며 슬퍼했습니다. 그러더니 어느 순간 사라졌습니다.

유영이 잠에서 깨어 보니, 그 자리에 책 한 권만 놓여 있었습니다. 그 책에는 방금 들은 이야기가 적혀 있었습니다.

유영은 그 책을 품에 안고 여러 산을 떠돌았습니다. 이를 유랑(流浪, 이리저리 떠돌아다님)이라 합니다.

그 뒤로 유영의 행방을 아는 사람은 아무도 없었다고 합니다.

이 이야기는 사랑이 깊으면 기쁨도 크지만, 잘못된 선택은 큰 슬픔을 부를 수 있다는 것을 보여 줍니다. 또한 마음을 숨기고 속이면 결국 드러난다는 교훈을 전해 주는 슬픈 이야기입니다.

한눈에 보는 「운영전」

작가 소개

「운영전」은 조선 숙종 때(17세기) 쓰인 작자 미상의 고전 소설이다.

등장인물

- **운영** 폐쇄적이고 억압적인 궁녀의 삶을 벗어나 순수하고 열정적인 사랑을 꿈꾸다 비극적 결말을 맞이하는 인물.

- **김 진사** 학식과 글재주가 뛰어난 선비로 궁녀 운영과 사랑에 빠지지만 현실의 벽을 넘지 못하고 자결한 운영을 따라 스스로 목숨을 끊는 인물.
- **안평 대군** 재능이 뛰어난 이상주의적 인물이며 수많은 궁녀와 시종을 거느리는 권력자이다.
- **특** 김 진사의 종으로 나중에 김 진사와 운영을 배신하며 그들의 재물을 가로채는 탐욕스러운 인물.
- **유영** 운영과 김 진사의 비극적 사랑 이야기를 전해 듣는 선비로, 그 이야기를 전달하는 역할을 하는 인물.

핵심 정리

- **갈래** 한문소설, 애정소설, 몽유 소설, 액자 소설
- **성격** 비극적, 염정(艶情)적(이성을 그리워하고 사모하는 마음)
- **배경** 시간-조선 초기에서 중기/공간-안평 대군이 궁녀와 함께 있던 수성궁, 천상계
- **주제** -신분을 초월한 남녀 간의 비극적 사랑

  -유교적, 봉건적 제도에 대한 비판
- **특징** -외화 안에 내화가 있는 액자식 구성.

  -봉건적 애정관에서 벗어난 자유연애 사상이 반영됨.

  -고전 소설에서는 보기 드문 비극적 결말.

  -작품 전개의 주요 수단으로 시(詩)를 사용함. 서술자가 교차하며 바뀜(김 진사와 운영).

　「운영전」은 조선 숙종 때(17세기) 쓰인 작자 미상의 고전 소설입니다. 유영이라는 선비가 술에 취해 잠이 들었을 무렵, 운영과 김 진사의 혼령이 나타나 자신들의 기구한 사랑 이야기를 들려주고, 그것을 널리 알려달라고 당부하는 내용으로 시작됩니다. 이것이 작품 밖 외부 이야기인 '외화'이며, 김 진사와 운영의 비극적 사랑 이야기가 내부 이야기인 '내화'로 되어 있는 액자식 구성을 취하고 있습니다. 작품 내용을 살펴보면 다음과 같습니다.

　임진왜란 직후, 유영이라는 선비가 안평 대군의 사저였던 수성궁에 놀러갔다가 술에 취해 잠이 들 무렵 운영이라는 궁녀와 김 진사를 만나는데, 그들로부터 두 사람의 애틋한 사랑 이야기를 듣게 됩니다. 어린 나이에 입궁한 운영은 안평 대군을 찾아온 김 진사라는 선비를 보고 첫눈에 반해 사랑을 느끼고, 김 진사 역시 운영에게 반해 두 사람은 서로의 마음을 시(詩)로 전하며 사랑을 나눕니다. 김 진사는 자신의 종 특의 도움으로 수성궁의 담을 넘나들며 운영을 몰래 만나고, 시간이 흐를수록 운영과 김 진사의 사랑은 더욱 깊어집니다. 이에 운영과 김 진사는 달아날 계획을 세우지만 고심 끝에 단념하게 됩니다. 그러던 어느 날, 운영이 지은 시에 임을 향한 그리움이 담겨 있는 것을 알게 된 안평 대군은 이를 추궁하고, 김 진사의 종 특의 배신으로 두 사람의 밀회가 탄로 나자 운영은 스스로 목을 매어 자결합니다. 그 후 얼마 지나지 않아 김 진사 역시 세상을 떠납니다.

운영과 김 진사의 이야기가 끝나자 유영은 잠에서 깨고, 그의 곁에는 그들이 이야기를 기록한 책자만 남아 있었습니다. 유영은 그 책을 지니고 산천을 두루 돌아다녔는데 그 후의 행방은 알 수가 없었다고 합니다.

이 작품은 꿈을 중심으로 꿈과 현실을 오가며 사건이 전개되는 몽유록계 소설로, 뛰어난 문장력과 더불어 작품 곳곳에 아름다운 시를 삽입해 서정성을 보여주고 있습니다. 또한 신분을 초월한 남녀 간의 애틋한 사랑과 비극에 대한 안타까움을 다루면서 동시에 남녀의 자유를 억압하는 당시 조선 사회의 유교적, 봉건적 제도에 대한 비판의 목소리가 담겨 있습니다.

「운영전」이 일반적 고전 소설과 다른 점은, 대부분의 고전 소설이 행복한 결말로 끝나는 데 비해 이 작품은 비극적 결말로 마무리된다는 것입니다. 또한 이 작품은 조선 시대 궁녀들의 구속적인 생활과 고충을 세세하게 묘사하였으며, 신분을 뛰어넘는 자유연애 사상을 담았습니다.

운영의 죽음은 이루어질 수 없는 남녀 간의 비극적 사랑, 관습과 제도로 인해 억압된 삶에 대한 저항과 더불어 진정한 자아 추구와 인간성 해방의 추구라는 의미를 담고 있습니다. 이렇듯 「운영전」이 오래도록 많은 사랑을 받는 이유는 단순한 애정 소설을 넘어 그 이면에 담긴 사회 비판적 메시지 때문일 것입니다. 이것은 우리가 작품을 감상할 때에 표면적 주제와 더불어 반드시 이면적 주제를 파악해야 하는 이유이기도 합니다.

생각하는 힘 기르기

1. 다음 단어를 넣어 문장을 만들어보세요.

① 신망 (信믿을 신 望바랄 망) ···▶ 믿고 기대함. 또는 그런 믿음과 덕망.

문장 연습

② 추궁 (追쫓을 추 窮다할 궁)하다 ···▶ 잘못한 일에 대하여 엄하게 따져서 밝히다.

문장 연습

③ 목욕재계 (沐머리 감을 목 浴목욕할 욕 齋재계할 재 戒경계할 계) ···▶ 부정(不淨)을 타지 않

도록 깨끗이 목욕하고 몸가짐을 가다듬는 일.

문장 연습

2. 「운영전」의 주제에 대해 적어보세요.

3. 이 작품은 남녀 간의 비극적 사랑을 다룬 애정 소설이지만 그 이면에는 당시 조선 사회의 부조리한 제도에 대한 비판의 목소리가 담겨 있습니다. 어떠한 점을 비판하고 있는지 적어보세요.('함께하는 인문학 수업' 내용을 참고하세요.)

4. 이 작품에서 김 진사는 궁녀 운영과 달아날 계획을 세웠으나 고심 끝에 단념합니다. 후에 안평 대군이 운영이 다른 남자를 마음에 품게 된 것을 알게 되자 운영은 자결을 하고, 김 진사 역시 운영을 따라 죽게 되는 비극적 결말을 보이고 있습니다. 만약 김 진사가 좀 더 적극적으로 사랑을 쟁취하고 운영을 지켰더라면 결말은 달라졌을지도 모릅니다. 김 진사의 소극적 행동에 대해 어떻게 생각하나요? 여러분의 의견을 적어보세요.

논제
김 진사가 운영과 함께 달아나지 않은 것은 현명한 선택이다.

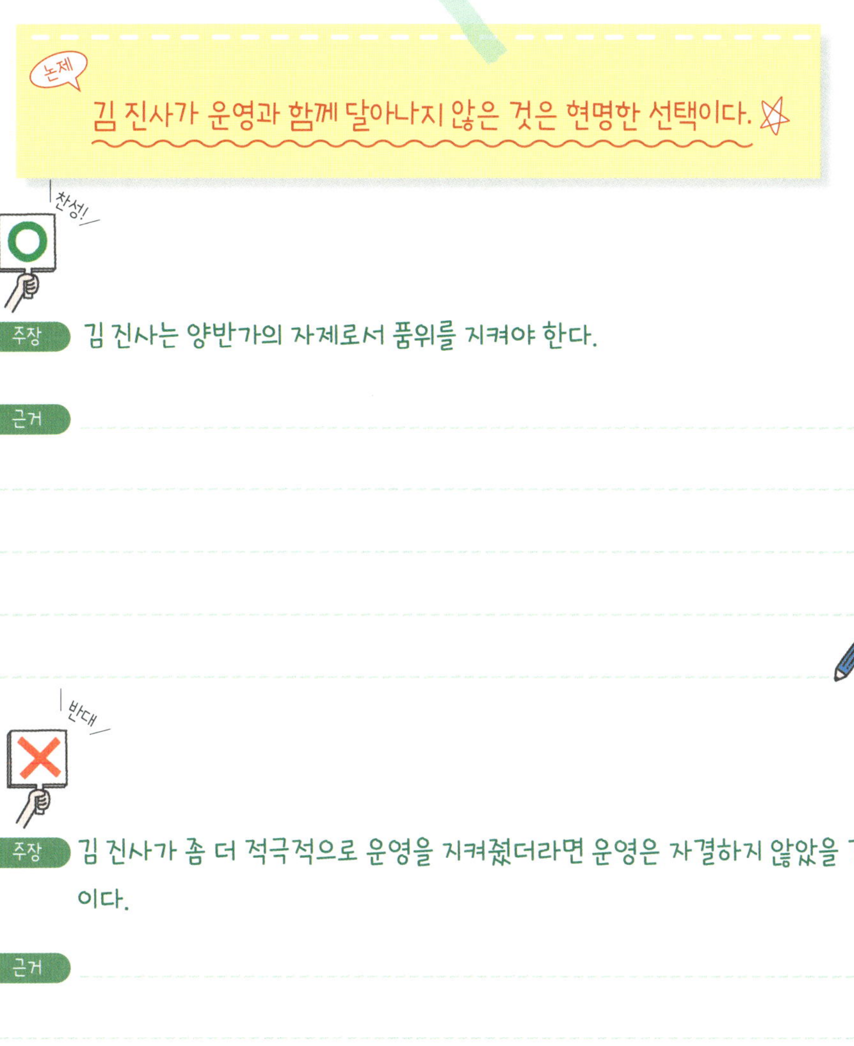

찬성!
주장 김 진사는 양반가의 자제로서 품위를 지켜야 한다.
근거

반대
주장 김 진사가 좀 더 적극적으로 운영을 지켜줬더라면 운영은 자결하지 않았을 것이다.
근거

신묘한 능력으로
나라를 구한
영웅

유충렬전

작품 함께 읽기

중국 명나라 영종 황제가 막 나라를 다스리기 시작했을 때의 일입니다.

정언(正言, 바른말을 하는 벼슬) 주부(主簿, 문서를 맡아보는 관리) 유심은 늦도록 자식이 없었습니다. 그래서 부인과 함께 남악 형산에 올라가 간절히 기도를 드렸습니다. 그날 밤, 부인은 이상한 태몽을 꾸었습니다. 용이 하늘을 가르며 내려오는 꿈이었습니다.

얼마 뒤, 부인은 아들을 낳았습니다. 아이의 이름은 충렬이라 지었습니다. 아이는 어려서부터 눈빛이 남달랐고, 기운이 씩씩하여 장차 큰 인물이 될 듯했습니다.

그런데 조정에는 정한담이라는 나쁜 신하가 있었습니다. 그는 반역(反逆, 나라를 거스르는 일)을 꾀하며 역심(逆心, 배반하려는 마음)을 품고 있었습니다. 그는 유심이 훗날 자신에게 큰 화가 될까 두려워 모함하여 귀양을 보내 버렸습니다.

그뿐만 아니라, 충렬까지 없애려 하였습니다. 정한담의 부하들은 밤에 유심의 집에 불을 지르려 했습니다.

그날 밤, 장 부인은 삼경(三更, 깊은 밤)에 한 노인을 꿈에서 보았습니다. 노인은 붉은 부채를 건네며 말했습니다.

"오늘 밤 변고(變故, 뜻밖의 일)가 있으니, 이 부채를 흔들며 담장 밑에 숨었다가 남쪽으로 도망하시오."

잠에서 깨어 보니, 정말로 붉은 부채가 곁에 놓여 있었습니다. 그 순간 집에 불길이 치솟았습니다. 장 부인은 충렬의 손을 잡고 부채를 흔들며 담장 밑에 숨었습니다. 불은 집을 모두 태웠지만, 두 사람은 살아남았습니다.

하지만 얼마 지나지 않아 장 부인은 도적들에게 끌려가고, 어린 충렬은 강물에 던져졌습니다. 다행히 뱃사람들이 아이를 구해 주었습니다.

충렬은 이리저리 떠돌다 승상을 지낸 강희주에게 거두어졌고, 자라서 그의 사위가 되었습니다. 그러나 강희주 역시 정한담의 모략으로 귀양을 가게 되었습니다.

충렬은 광덕산에서 도승을 만나 도술을 배웠습니다. 하늘의 기운을 읽고, 칼을 다루는 법도 익혔습니다.

그 무렵 정한담은 남적과 북적을 끌어들여 반란을 일으켰습니다. 도성은 큰 위기에 빠졌습니다.

정한담은 궁궐에 들어가 천자를 붙잡았습니다. 그는 소리쳤습니다.

"옥새(玉璽, 임금의 도장)를 내놓고 투항(投降, 항복)하라. 그렇지 않으면 가족을 죽이겠다!"

천자는 떨리는 목소리로 말했습니다.

"항서(降書, 항복 문서)를 쓰려 해도 종이와 붓이 없다."

정한담은 용포(龍袍, 임금의 옷)를 찢어 손가락을 깨물어 쓰라며 위협했습니다. 천자는 차마 하지 못하고 망설였습니다.

바로 그때, 충렬이 나타났습니다. 그는 이미 적군을 무찌르고 도성으로 달려오고 있었습니다. 하늘을 보니 살기(殺氣, 죽이려는 기운)가 가득했습니다.

"속히 천자를 구하라!"

충렬은 말을 몰아 번개처럼 달려와 정한담을 단번에 사로잡았습니다. 그리고 천자 앞에 엎드려 말했습니다.

"도적을 물리치고 한담을 잡아왔습니다."

천자는 충렬을 끌어안으며 말했습니다.

"네가 아니었으면 내 목숨이 위태로웠구나."

그러나 아직 끝이 아니었습니다. 황후와 태후, 태자가 호왕에게 잡혀 북방 호지(胡地, 오랑캐 땅)로 끌려간 것입니다.

- 「유충렬전」는 충과 효를 중심 가치로 삼는 영웅 군담 소설이다.
- 유충렬의 활약은 개인적 복수 차원을 넘어 국가적 정의 실현으로 확장된다.
- 악인의 몰락과 선인의 성공을 통해 권선징악의 세계관을 드러낸다.

충렬은 다시 길을 떠났습니다. 눈보라가 몰아치는 험한 길이었지만, 그는 물러서지 않았습니다.

그때 일원 선녀가 나타나 과실 두 개를 건네주었습니다.

"하나를 먹고 힘을 얻고, 하나는 아껴 두시오. 황후의 목숨이 명재경각(命在頃刻, 목숨이 매우 위태로움)이니 서두르시오."

충렬은 과실을 먹고 더욱 힘을 얻었습니다. 적진에 홀로 뛰어들어 호왕을 무찌르고, 황후와 태후, 태자를 구해 냈습니다.

태자는 분노하여 호왕의 목을 베었습니다. 모두가 기뻐하며 충렬의 은혜에 감사했습니다. 황후는 말했습니다.

"그 은덕은 백골난망(白骨難忘, 죽어도 잊지 못함)이오."

충렬은 황후와 태자를 모시고 돌아왔습니다. 도성에서는 모두가 그를 맞이했습니다.

마침내 헤어졌던 가족도 다시 만나게 되었습니다. 억울하게 귀양 갔던 아버지도 돌아왔습니다.

충렬은 이후 충성과 용맹으로 이름을 떨쳤습니다. 그는 부귀영화(富貴榮華, 부유하고 영화로운 삶)를 누렸지만, 언제나 겸손하고 나라를 먼저 생각했습니다.

이 이야기는 말합니다.

의로운 사람은 어려움을 겪어도 끝내 빛나고, 나쁜 사람은 반드시 벌을 받는다는 것을. 또한 충성(忠誠)과 효심(孝心)은 세상을 바로 세우는 큰 힘이라는 교훈을 전해 줍니다.

한눈에 보는 「유충렬전」

작가 소개

「유충렬전」은 조선 후기에 쓰인 작자 미상의 고전 소설이다.

등장인물

- **유충렬** 천상에서의 이름은 자미원 장성으로 지상으로 내려와 유심의 아들이 된다. 초인적인 능력을 지니고 있으며 호국을 물리치고 나라를 위기에서 구하는 영웅적 인물이다.
- **유심** 유충렬의 아버지, 개국공신의 유기의 후손으로 충신이다.
- **강희주** 유충렬의 장인, 유심처럼 충직한 인물이나 모함을 받아 귀양을 가게 된다.
- **정한담** 명나라의 신하, 천상에서 내려온 익성. 천상에서부터 유충렬과 대립하는 악인으로 지상으로 유배되어 명나라의 간신이 되며 유충렬과 대립한다.
- **최일귀** 천상에서의 이름은 이걸. 정한담과 함께 유심을 귀양 보내고 천자에게 반기를 드는 간신이자 악인이다.

핵심 정리

- **갈래** 국문소설, 영웅 소설, 군담 소설

- **성격** 비현실적, 우연적, 영웅 일대기적
- **배경** 시간-중국 명나라 때/공간-중국, 천상계와 지상계
- **주제** 시련과 고난을 극복하고 나라와 가문을 위기에서 구한 유충렬의
  영웅적 활약상
- **특징** -뚜렷한 선악의 대립 구조를 지님.
  -천상계와 지상계의 이원적 공간으로 구성.
  -전형적인 영웅의 일대기적 구성.

함께하는 인문학 수업 

　「유충렬전」은 한 영웅의 활약을 그린 작품이지만, 그 중심에는 인간이 지켜야 할 가치와 삶의 태도에 대한 깊은 성찰이 담겨 있습니다. 겉으로 보면 간신의 모함으로 가문이 몰락한 뒤 유충렬이 시련을 극복하고 나라를 구하는 통쾌한 이야기처럼 보입니다. 그러나 이 서사는 단순한 복수담을 넘어, 충과 효, 정의와 책임이라는 문제를 유기적으로 엮어 냅니다.

　작품은 억울함에서 시작됩니다. 충신이던 아버지가 권력자의 모략으로 죽임을 당하고, 어린 충렬은 역적의 자식이라는 낙인을 안고 세상에 내던져집니다. 이 장면은 힘이 정의를 대신할 때 사회가 얼마나 쉽게 왜곡되는지를 보여줍니다. 진실은 침묵하고, 사람들은 두려움 속에서 눈을

돌립니다. 여기서 우리는 묻게 됩니다. 부당함 앞에서 인간은 어떤 태도를 취해야 하는지를.

유충렬은 분노에만 머물지 않습니다. 산중에서 스승을 만나 무예와 병법을 배우며 자신을 단련하는 과정은 단순한 능력 습득이 아니라 내면의 성숙을 상징합니다. 억울함을 겪은 이가 증오에 잠식되지 않고 스스로를 갈고닦는 일은 쉽지 않습니다. 그는 개인적 복수보다 무너진 질서를 바로 세우는 길을 택합니다. 이때 '충'은 맹목적 복종이 아니라, 공동체를 지키려는 실천적 의지로 새롭게 읽힙니다.

또한 작품은 '효'를 삶의 뿌리로 제시합니다. 아버지의 명예를 회복하려는 노력은 혈연적 의무를 넘어, 자신이 어디에서 왔는지를 잊지 않으려는 태도입니다. 부모의 뜻을 이어 더 넓은 세계로 나아가는 과정 속에서 효는 개인의 덕목을 넘어 사회적 책임으로 확장됩니다.

전란의 장면에서 충렬은 자신의 안위를 뒤로하고 나라를 위해 싸웁니다. 국가는 추상적인 권력이 아니라, 가족과 이웃이 살아가는 터전입니다. 공동체를 지킨다는 것은 곧 자신의 삶을 지키는 일과 다르지 않습니다. 이런 점에서 「유충렬전」은 개인의 성공보다 함께 살아가는 질서를 더 소중히 여깁니다.

결국 이 작품은 한 영웅의 승리를 통해 우리에게 묻습니다. 억울함을 어떻게 견딜 것인가, 두려움 속에서도 옳은 길을 선택할 수 있는가. 고전은 과거의 이야기에 머물지 않습니다. 유충렬의 선택은 오늘을 사는 우리에게도 여전히 유효한 질문이 되며, 삶의 방향을 다시 생각하게 합니다.

생각하는 힘 기르기

1. 다음 단어를 넣어 문장을 만들어보세요.

① 역심 (逆거스를 역 心마음 심) ···▶ 반역을 꾀하는 마음.

> 문장 연습

② 투항 (投던질 투 降항복할 항) ···▶ 적에게 항복함.

> 문장 연습

③ 청천벽력 (靑푸를 청 天하늘 천 霹벼락 벽 靂벼락 력) ···▶ 맑은 하늘에서 치는 날벼락.

> 문장 연습

2. 「유충렬전」의 주제에 대해 적어보세요.

3. 「유충렬전」은 정의로운 충신이 승리하는 이야기입니다. 오늘날 현대 사회에서 이러한 서사가 가지는 의미는 무엇인가요?('함께하는 인문학 수업' 내용을 참고하세요.)

4. 이 작품은 영웅의 일대기 구조를 반영한 전형적인 영웅 소설입니다. 영웅의 일대기 구성과 관련하여 이 작품의 내용을 간략히 정리해보세요.

충효 사상의 고취,
진정한 용서와 우애,
가족간의
사랑 이야기

창선감의록

화운의 칠 대손 화욱은 명나라 때 이름난 관리였습니다. 그는 과거에 급제하여 높은 벼슬에 올랐고, 전쟁에서도 큰 공을 세워 여양후가 되었습니다. 성품이 강직(剛直, 굳세고 바름)하고 청렴(淸廉, 깨끗하고 욕심이 없음)하여 황제의 깊은 신임을 받았습니다.

화욱에게는 세 명의 부인이 있었습니다.

심 부인은 말솜씨가 좋고 얼굴도 아름다웠지만, 마음씨가 고약했습니다. 그 아들 춘도 성품이 좋지 않았습니다.

정 부인은 아주 총명하지는 않았으나 마음이 비단결처럼 고왔습니다.

요 부인은 일찍 세상을 떠나며 딸 빙선을 정 부인에게 부탁했습니다. 정 부인은 빙선을 친딸처럼 정성껏 키웠습니다.

어느 봄날, 화욱이 옥기린을 안는 꿈을 꾸었습니다. 그 뒤 정 부인이 아들을 낳았습니다. 아이의 이름은 진, 자는 형옥이라 지었습니다. 아이는 어릴 때부터 매우 총명했습니다. 『효경』을 읽는 소리를 듣고 곧바로 외웠고, 그 뜻까지 이해했습니다. 화욱은 기뻐하며 말했습니다.

"이 아이가 우리 집안을 크게 빛내리라!"

하지만 심 부인은 남편이 진만 편애(偏愛, 한쪽만 치우쳐 사랑함)한다고 생각하며 몹시 시기했습니다.

얼마 뒤 화욱과 정 부인이 병으로 세상을 떠났습니다. 그러자 심 부인은 기다렸다는 듯 태강(빙선)과 화진을 학대하기 시작했습니다. 심지어 두 남매가 자신을 해치려 한다는 누명까지 씌웠습니다.

화진은 무릎을 꿇고 울며 말했습니다.

"사람은 오륜(五倫, 사람이 지켜야 할 다섯 가지 도리)을 소중히 여겨야 합니다. 부모와 자식의 도리는 가장 큰 법입니다. 어머니, 부디 넓은 아량(雅量, 너그러운 마음)을 베풀어 주십시오."

태강도 눈물로 호소했습니다.

"저는 어머님의 만수무강(萬壽無疆, 오래도록 건강함)만을 빌 뿐입니다."

그러나 심 부인은 화가 나 쇳조각을 들고 달려들었습니다. 집안은 큰 소란이 일어났습니다.

그때 화욱의 누이, 화 부인이 돌아왔습니다. 화 부인은 총명하고 강직한 사람이었습니다. 화진의 상처를 보고 크게 노하며 춘을 꾸짖었습니다.

"형제를 해치려 하다니 짐승만도 못한 짓이다! 이제 네가 한 일을 깨달 거라."

춘은 매를 맞고 크게 뉘우쳤습니다. 화 부인은 말했습니다.

"사람은 누구나 허물이 있다. 그러나 고치는 것이 가장 귀하다."

그 뒤로 춘은 감히 나쁜 마음을 품지 못했습니다.

세월이 흘러 화진은 혼례를 치르고 과거에 급제했습니다. 하지만 춘의 모함으로 귀양을 가게 되었습니다. 유배지에서 화진은 해적을 섬멸(殲滅, 모조리 없앰)하는 큰 공을 세웠습니다. 조정은 그 공을 인정하여 화진을 정남 대원수(大元帥)로 임명했습니다.

심 부인과 춘은 자신의 과오(過誤, 잘못)를 깊이 뉘우치며 사죄했습니다. 화진은 원망하지 않고 모두를 용서했습니다.

그 뒤 심 부인은 화진과 함께 살며 복을 누리다 세상을 떠났고, 화 부인도 천수(天壽, 하늘이 준 긴 수명)를 다했습니다.

화진은 팔십 세에 벼슬에서 물러나 고향 소흥으로 돌아갔습니다. 그 후, 두 부인과 함께 화목하게 살았습니다. 얼굴빛은 맑고 단정하여 늙어도 젊은 기운이 남아 있어 사람들은 그를 신선 같다 하였습니다.

- 「창선감의록」은 가문 내 갈등과 화해를 중심으로 전개되는 가문 소설이다.
- 이 작품은 가족 내부의 갈등을 통해 유교적 윤리 질서의 회복을 강조한다.
- 선한 인물은 시련을 겪되 끝내 명예를 회복하며, 악한 인물은 자멸한다.

이 이야기는 말합니다.

시기와 미움은 집안을 어지럽히지만, 용서와 우애(友愛, 형제 사이의 사랑)는 가정을 바로 세운다는 것을. 또한 잘못을 뉘우치면 누구나 새 사람이 될 수 있다는 교훈을 전해 줍니다.

한눈에 보는 「창선감의록」

작가 소개

저자 조성기(趙聖期, 1638~1689)는 조선 후기의 문인이자 학자이다. 자는 성경(成卿), 호는 졸수재(拙修齋)이며, 성리학에 심취해 깊이 연구하며 과거 시험에도 수차례 합격하였으나 병약하여 학문에 전념하였다. 속세와 단절하며 수십 년간 학문에 전념한 끝에 천지만물과 우주의 이치에 통관하였다고 한다. 저서로는 소설 『창선감의록(彰善感義錄)』과 문집 『졸수재집(拙修齋集)』이 있다.

등장인물

- **화욱** 개국공신 화운의 7대손으로 간신들이 득세하자 벼슬자리에서 물러나 귀향하는 인물.
- **화 부인** 화욱의 누나로 젊은 나이에 과부가 되어 화욱과 함께 살며 가정의 기강을 바로잡는 인물.

- **화진** 화욱의 둘째 아들로 총명하고 어진 성품을 지니고 있어 화욱의 사랑을 독차지하는 인물.
- **화춘** 화욱의 맏아들로 어리석고 거친 성품을 지닌 인물.
- **심씨** 화욱의 첫째 부인으로 화춘의 친모이다. 남편 화욱이 화진을 편애하자 온갖 악행을 저지르나 나중에 개과천선한다.
- **요씨** 화욱의 둘째 부인으로 딸 화빙선을 낳고 요절한다.
- **정씨** 화욱의 셋째 부인으로 화진의 친모. 화욱의 총애를 받는 인물.

핵심 정리

- **갈래** 고전 소설, 가정 소설, 도덕 소설
- **성격** 교훈적, 유교적
- **배경** 시간-16세기 중반 중국 명나라 때/공간-중국 명나라
- **주제** 충효(忠孝) 사상의 고취와 권선징악(勸善懲惡)
- **특징** -유교 사상을 반영하여 교훈적 주제 의식을 지님.
  - -선인과 악인의 단순한 이분법적 구도가 아닌, 인물 각각에 개성을 부여하여 흥미 유발.
  - -일반적인 고전 소설과 달리 반동 인물(주인공과 대립하는 인물)도 잘못을 깨닫고 개과천선함.

「창선감의록」은 사대부 가문에서 일어나는 갈등을 다룬 가정 소설로, 악한 처와 착한 첩 사이의 갈등을 다루면서 동시에 충효(忠孝, 충성과 효도) 사상과 형제간의 우애, 권선징악(勸善懲惡)이라는 유교적 이념을 강조하고 있습니다. 작품의 내용을 살펴보면 다음과 같습니다.

중국 명나라 때 병부 상서 화욱은 심씨, 요씨, 정씨 세 명의 부인을 두었습니다. 그중 심씨는 됨됨이가 바르지 못한 아들 춘을 낳고, 요씨는 딸 빙선을 낳고 일찍 죽었으며, 정씨 또한 아들 진을 낳은 후 아들이 장성(長成, 자라서 어른이 됨)하기 전에 죽게 됩니다. 화욱은 아들 진을 유독 편애하여 심씨와 춘의 불만은 날이 갈수록 높아졌습니다.

그러던 중, 조정에 간신들이 득세하자 화욱은 더는 견디지 못하고 벼슬자리에서 물러나 고향으로 돌아온 뒤 세상을 떠납니다. 화욱이 죽자 심씨와 아들 화춘, 그리고 화춘의 부인 조씨는 온갖 방법으로 화진과 그의 아내 남 소저를 학대하기 시작합니다. 그럼에도 화진은 열심히 공부하여 장원 급제를 하지만 화춘의 모함으로 귀양을 가게 되고, 화진의 아내도 누명을 쓰고 집에서 쫓겨납니다. 다행히 화진은 유배지에서 도사를 만나 병서를 익히고, 노략질을 일삼던 해적을 토벌하여 공을 세웁니다. 그러자 조정에서는 화진의 공을 인정하여 그를 정남대원수(征南大元帥)로 임명하고, 화진은 어지러운 남방을 모두 평정합니다. 한편, 심씨와 화춘은 개과천선(改過遷善)하여 새사람이 되고, 쫓겨났던 화진의 아내도 돌아와 화목한 가정을 이루게 됩니다.

이 작품은 조선 후기에 쓰인 가정 소설이자 교훈 소설입니다. 작품 제목의 의미를 살펴보면 '창선(彰善)'은 다른 사람의 선행을 세상에 알린다는 뜻이며, '감의(感義)'는 의로움에 감동한다는 뜻입니다. 그러므로 이 작품의 제목 '창선감의록(彰善感義錄)'은 '다른 사람의 선행을 널리 알리고 의로운 일에 감동하는 이야기'라고 해석할 수 있습니다.

일반적인 고전 소설과 마찬가지로 이 작품 역시 '충효'와 '우애'라는 유교적 이념을 강조하면서 권선징악적 결말을 지니고 있습니다. 하지만 기존의 고전 소설이 선인과 악인이라는 단순한 이분법적 구도로 설정된 것과는 달리, 이 작품 속 인물들은 각각 개성을 지닌 인물들입니다. 예를 들면, 화진과 그의 처남 윤여옥은 둘 다 선인이나 화진은 신중하고 점잖은 성격이며, 윤여옥은 적극적이면서 거침없는 인물이라는 점에서 서로 다른 특징을 지니고 있습니다. 또한 이 작품은 주동 인물 선인 '화진'과 대립하는 반동 인물 악인 '심씨'와 그녀의 아들 '화춘'이 온갖 악행을 저지르다가 나중에 잘못을 뉘우치게 됩니다. 선인은 복을 받고 악인은 벌을 받는다는 권선징악적 결말에 충실하면서도 악인이 스스로 개과천선한다는 점에서 일반적인 고전 소설과는 다른 차별성을 지니고 있습니다.

이렇듯 「창선감의록」은 각각의 인물에 개성을 부여하여 독자로 하여금 흥미를 유발하고, 전형적인 고전 소설의 유형에서 벗어나 새로운 인간상을 제시함으로써 소설적 재미와 교훈을 주고 있습니다.

생각하는 힘 기르기

1. 다음 단어를 넣어 문장을 만들어보세요.

① **청렴** (淸맑을 청 廉청렴할 렴) ···→ 성품과 행실이 높고 맑으며, 탐욕이 없다.

문장 연습

2. 「창선감의록」의 주제에 대해 적어보세요.

3. 일반적인 고전 소설과 비교해볼 때 인물의 성격과 내용 면에서 이 작품만이 가지고 있는 특징에 대해 적어보세요.('함께하는 인문학 수업' 내용을 참고하세요.)

4. 이 작품에서 악인으로 대변되는 '심씨'와 '화춘'은 특별한 계기 없이 스스로 잘못을 뉘우쳐 나중에 개과천선하는 인물입니다. 작품의 결말에 대한 여러분의 생각은 어떠한가요?

심씨와 화춘의 갑작스러운 개과천선은 타당한 결말이다.

주장 악인도 얼마든지 스스로 잘못을 깨달을 수 있다.

근거

주장 특별한 계기 없이 악인이 갑자기 선인이 되는 것은 불가능하다.

근거

양반의 허위의식에 대한 신랄한 비판과 풍자

양반전

　옛날 강원도 정선 고을에 가난한 양반 한 사람이 살고 있었습니다. 그는 마음씨가 어질고 글 읽기를 무척 좋아했습니다. 하루 종일 책을 읽으며 학문을 닦는 것을 큰 기쁨으로 여겼지요.

　하지만 집안 형편은 매우 어려웠습니다. 먹을 것이 없어 관아에서 곡식을 빌려다 먹었는데, 그 곡식을 관곡(官穀, 나라에서 빌려주는 쌀)이라고 합니다. 여러 번 빌려 쓰다 보니 빚이 점점 불어나 어느새 천 석이나 되었습니다.

　이 소식을 들은 관찰사(觀察使, 한 도를 다스리는 높은 관리)는 크게 노하여 군수에게 말했습니다.

　“그 양반을 당장 잡아들이라!”

　양반은 겁이 나 아무 말도 못 하고 눈물만 흘렸습니다. 그 모습을 본 아내가 답답하다는 듯 말했습니다.

　“평생 글만 읽더니 관곡도 못 갚는 신세라니요. 그놈의 양반이라는 게 한 푼어치도 못 되는구려!”

　마침 그 고을에는 돈 많은 부자가 한 사람 살고 있었습니다. 그는 양반의 딱한 사정을 듣고 가족들과 의논한 뒤 이렇게 말했습니다.

　“내가 관곡을 대신 갚아 드리겠소. 대신 양반 신분을 나에게 파시오.”

　양반은 기쁜 마음에 그 제안을 받아들였습니다. 이렇게 하여 양반 신분이 돈과 맞바뀌게 되었습니다.

　얼마 뒤 군수가 양반을 찾아갔습니다. 그런데 양반은 벙거지를 쓰고 베 잠방이를 입은 채 마당에 엎드려 절을 하고 있었습니다. 군수가 깜짝 놀라 물었습니다.

　"이게 무슨 일이오?"

　양반은 머리를 더욱 조아리며 말했습니다.

　"황송하옵니다. 이제 소인은 양반이 아닙니다. 양반 신분을 팔아 관곡을 갚았으니, 지금의 양반은 저 부자입니다."

　군수는 매우 의아(疑訝, 이상하게 여김)했습니다. 그래서 관아에 사람들을 모두 불러 모았습니다. 양반, 농사꾼, 공장(工匠, 물건을 만드는 기술자), 장사꾼들이 모였습니다. 군수는 부자를 높은 자리에 앉히고, 증서를 만들어 읽기 시작했습니다.

　"양반은 천하게 행동해서는 안 된다. 새벽 오경(五更, 옛날 새벽 다섯 시쯤)에 일어나 글을 읽어야 한다. 『동래박의(東萊博義, 중국 송나라 때 글 모음 책)』를 술술 외워야 한

다. 굶주려도 참아야 하고, 가난하다고 말해서도 안 된다. 돈을 손에 쥐어
도 안 되고, 쌀값을 물어도 안 된다. 더워도 버선을 신고, 밥을 먹을 때 소
리를 내지 말라. 화가 나도 아내를 때리지 말고, 아이도 함부로 혼내지 말
라. 노름도 하지 말고, 소도 잡지 말라."

증서를 다 읽자 부자는 한동안 멍하니 있다가 말했습니다.

"양반이란 게 겨우 이런 것입니까? 듣자 하니 양반은 신선과 같다고 하
던데요. 더 좋은 점은 없습니까?"

군수는 다시 증서를 고쳐 읽었습니다.

"하늘이 백성을 네 부류로 나누었는데, 그중 가장 귀한 사람이 선비, 곧
양반이다. 양반은 농사를 짓지 않아도 되고 장사를 하지 않아도 된다. 글
을 조금만 공부하면 과거(科擧, 나라에서 인재를 뽑는 시험)를 볼 수 있다. 잘되
면 문과(文科, 높은 시험)에 급제하고, 못 되어도 진사(進士, 시험에 합격한 사람)
는 될 수 있다. 종들이 '예이!' 하고 대답하면 먹지 않아도 배가 부르다. 방
안에는 기생을 두고, 마당에는 학을 기를 수 있다. 이웃 소를 먼저 빌려다
밭을 갈게 하고, 마을 사람을 불러 자기 일을 먼저 시킬 수도 있다. 누가
불만을 말해도 하소연할 수 없다."

- 「양반전」은 양반 신분이 도덕성과 무관하게 세습되는 현실을 비판한다.
- 이 작품은 경제적 능력보다 혈통이 중시되는 신분 질서의 허구성을 드러낸다.
- 양반의 무능과 위선을 통해 신분제의 붕괴 가능성을 암시한다.

이 말을 들은 부자는 얼굴이 붉어지며 말했습니다.

"그만하십시오! 이런 것이 양반이라면 저는 도둑이 되고 마는 것 아닙니까? 참으로 맹랑(孟浪, 엉뚱하고 터무니없음)하구려!"

부자는 고개를 세차게 흔들며 자리를 떠났습니다. 그리고 죽는 날까지 '양반'이라는 말을 꺼내지 않았습니다.

이 이야기는 겉으로는 우스운 이야기 같지만, 깊은 뜻이 담겨 있습니다.

양반이란 이름은 높아 보이지만, 지켜야 할 규칙도 많고 책임도 큽니다. 또 잘못 사용하면 남을 억누르는 힘이 되기도 합니다. 돈으로 신분을 사고팔 수 있다면, 그것은 참된 귀함이 아닙니다.

관곡(官穀)은 나라의 곡식이니 함부로 빌리고 갚지 않으면 큰 잘못이 됩니다. 관찰사(觀察使)는 고을을 다스리는 높은 관리이며, 군수는 한 고을을 맡아 다스리는 사람입니다. 과거(科擧)는 옛날에 나라의 인재를 뽑던 시험이었고, 문과(文科)는 그중 가장 높은 시험이었습니다. 진사(進士)는 시험에 합격한 사람을 이르는 말입니다.

결국 이 이야기는 말합니다.

사람을 귀하게 만드는 것은 이름이나 신분이 아니라, 바른 마음과 책임감이라는 것을 말입니다.

높은 자리에 앉는다고 해서 저절로 훌륭해지는 것은 아닙니다. 진짜 귀한 사람은 남을 배려하고 스스로를 바로 세우는 사람입니다.

한눈에 보는 「양반전」

작가 소개

박지원(朴趾源, 1737~1805)은 조선 후기의 실학자이자 소설가이다. 호는 연암(燕巖)이며 1737년 서울의 명문 양반가에서 태어났으나 벼슬에는 큰 뜻을 두지 않았다. 홍대용, 이덕무, 박제가, 유득공 등과 같은 중인이나 서얼 출신의 지식인들과 어울리며 현실 문제와 청나라의 문물과 관련해 토론하는 것을 즐겼다. 1780년에는 청나라를 다녀온 뒤 『열하일기』라는 기행문을 썼다. 그는 『열하일기』에서 청의 발달된 문화와 기술을 소개하면서 당시 조선 사회의 문제점을 지적한 뒤 청나라 문물을 받아들일 것을 주장하였다. 저서로는 『열하일기』와 더불어 한문 소설 『양반전』, 『허생전』, 『호질』 등이 있다.

등장인물

- **양반** 책 읽기를 좋아하고 어진 성품을 지녔으나 경제적으로 무능하여 생활력이 없는 인물.
- **양반의 아내** 남편의 무능함을 비판하는 현실적인 인물.
- **부자** 재산은 많으나 신분이 낮은 관계로 양반 신분을 돈으로 사려다가 양반의 부도덕함을 깨닫고 포기하는 인물.
- **군수** 양반 신분 매매를 중재하고 증서를 작성하여 양반과 부자의 갈등

을 중재하는 인물.

핵심 정리

- **갈래** 고전 소설, 한문 소설, 단편 소설, 풍자 소설
- **성격** 비판적, 풍자적
- **배경** 시간-조선 후기(18세기)/공간-강원도 정선군
- **주제** 양반의 무능과 위선에 대한 비판과 풍자
- **특징** -양반들의 위선적인 모습 비판, 풍자.

  -조롱과 풍자, 해학을 통한 근대 의식 반영.

  -실학사상 반영.

함께하는 인문학 수업

　「양반전」은 신분 질서가 흔들리며 양반의 권위가 점차 하락하던 조선 후기 사회의 현실을 반영한 작품입니다. 상업과 화폐 경제가 발달하면서 경제적으로 부유한 평민이 등장하였고, 반대로 이름만 양반일 뿐 실질적 능력과 경제력을 갖추지 못한 이들도 늘어나던 시기였습니다. 이러한 시대적 배경 속에서 연암 박지원은 양반 계층의 허례허식과 모순을 날카롭게 풍자하였습니다.

작품의 내용을 살펴보면 다음과 같습니다. 강원도 정선에 어느 양반이 살고 있었는데, 그는 밤낮으로 글만 읽고 생활력이 없어 관아에서 곡식을 빌려다 먹으며 생계를 유지합니다. 처음에는 잠시 궁핍한 형편이었으나, 갚지 못한 곡식이 쌓여 어느덧 일천 석에 이르게 됩니다. 더 이상 갚을 길이 없게 되자, 이에 분노한 관찰사는 양반을 옥에 가두라고 명합니다. 양반은 어찌할 도리가 없어 그저 눈물만 흘릴 뿐이고, 이를 지켜보던 아내는 "그놈의 양반이라는 게 한 푼어치도 못 되는구려!"라며 무능한 남편을 통렬히 비판합니다. 이 대사는 작품의 문제의식을 집약적으로 보여 주며, 신분의 허상을 상징적으로 드러냅니다.

그러던 어느 날, 이 마을에 사는 부자 한 사람이 양반의 사정을 듣고 찾아옵니다. 그는 양반의 빚을 대신 갚아주는 대신 양반 신분을 자신에게 팔라고 제안합니다. 경제적 능력을 갖춘 평민이 신분을 사겠다고 나서는 장면은 당시 신분 질서가 이미 흔들리고 있었음을 상징합니다. 궁지에 몰린 양반은 이를 흔쾌히 수락하고, 군수는 양반 신분 매매 증서를 작성하여 부자에게 읽어 줍니다.

첫 번째 증서에는 양반이 지켜야 할 여러 규범이 나열됩니다. 새벽에 일어나 경전을 외우고, 말과 행동을 단정히 하며, 가난을 입에 올리지 말라는 등 체면을 중시하는 내용이 대부분입니다. 이를 들은 부자는 양반이라는 자리가 생각보다 까다롭고 비현실적이라는 사실을 깨닫고, 비싼 값을 주고 신분을 산 일을 후회하기 시작합니다. 이어 두 번째 증서에서는 양반의 특권이 제시됩니다. 농사나 장사를 하지 않아도 되고, 과거에 급제하면 높은 지위를 누리며, 평민들에게 부당한 권리를 행사할 수 있다는 내용입니다. 이를 통해 양반의 부도덕함과 위선이 적나라하게 드러나고, 부자는 결국 신분 매매를 포기한 채 자리를 떠납니다.

조선 후기는 양반 계층의 부패와 무능이 드러나면서 그 권위가 크게 약화되던 시기였습니다. 이에 경제적으로 부유한 평민들이 양반 신분을 사고파는 일이 빈번하게 일어났습니다. 연암은 이 작품에서 탁상공론만 늘어놓으며 생산 노동에 참여하지 않는 양반의 허례허식을 신랄하게 비판하였습니다. 특히 양반의 아내의 말을 통해 현실 감각 없는 양반의 무능을 드러내고, 두 차례의 증서를 대비시켜 규범과 특권이라는 양반의 두 얼굴을 풍자하였습니다.

이처럼 「양반전」은 당대 현실을 반영하며 양반 계층의 부조리함을 예리하게 비판한 작품입니다. 그러나 연암 특유의 해학과 풍자 덕분에 작품은 무겁기보다 유쾌하게 다가옵니다. 독자들은 웃음을 통해 사회의 모순을 인식하고, 그 속에서 통쾌한 카타르시스를 경험하며 비판적 사고와 문학적 감수성을 함께 기를 수 있을 것입니다.

생각하는 힘 기르기

1. 다음 단어를 넣어 문장을 만들어보세요.

① **어질다** ···▸ 마음이 너그럽고 착하며 슬기롭고 덕이 높다.

문장 연습

② **의아** (疑 의심할 의 訝 의심할 아)**하다** ···▸ 의심스럽고 이상하다.

문장 연습

③ **맹랑** (孟 맏 맹 浪 물결 랑)**하다** ···▸ 생각하던 바와 달리 허망하다.

문장 연습

2. 「양반전」의 주제에 대해 적어보세요.

3. 이 작품은 조선 후기 현실 사회를 반영하고 있습니다. 당시 시대 상황에 대해 적어보세요.('함께하는 인문학 수업' 내용을 참고하세요.)

4. 이 작품에는 가난하지만 신분이 높은 양반과 재산은 많지만 신분이 낮은 부자가 등장합니다. 만약 여러분이 부자라면 돈을 주고서라도 양반 신분을 매매할까요? 여러분의 생각을 적어보세요.

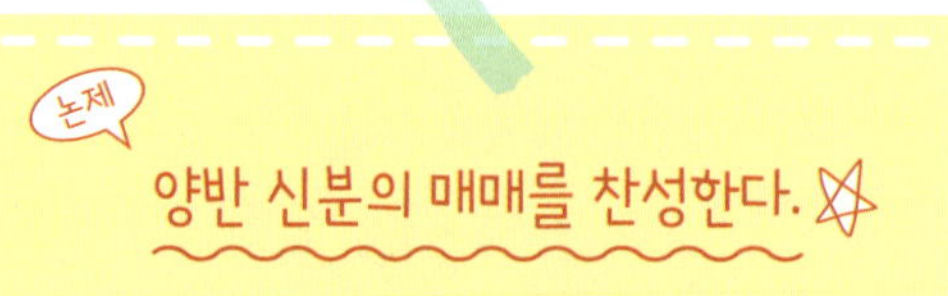

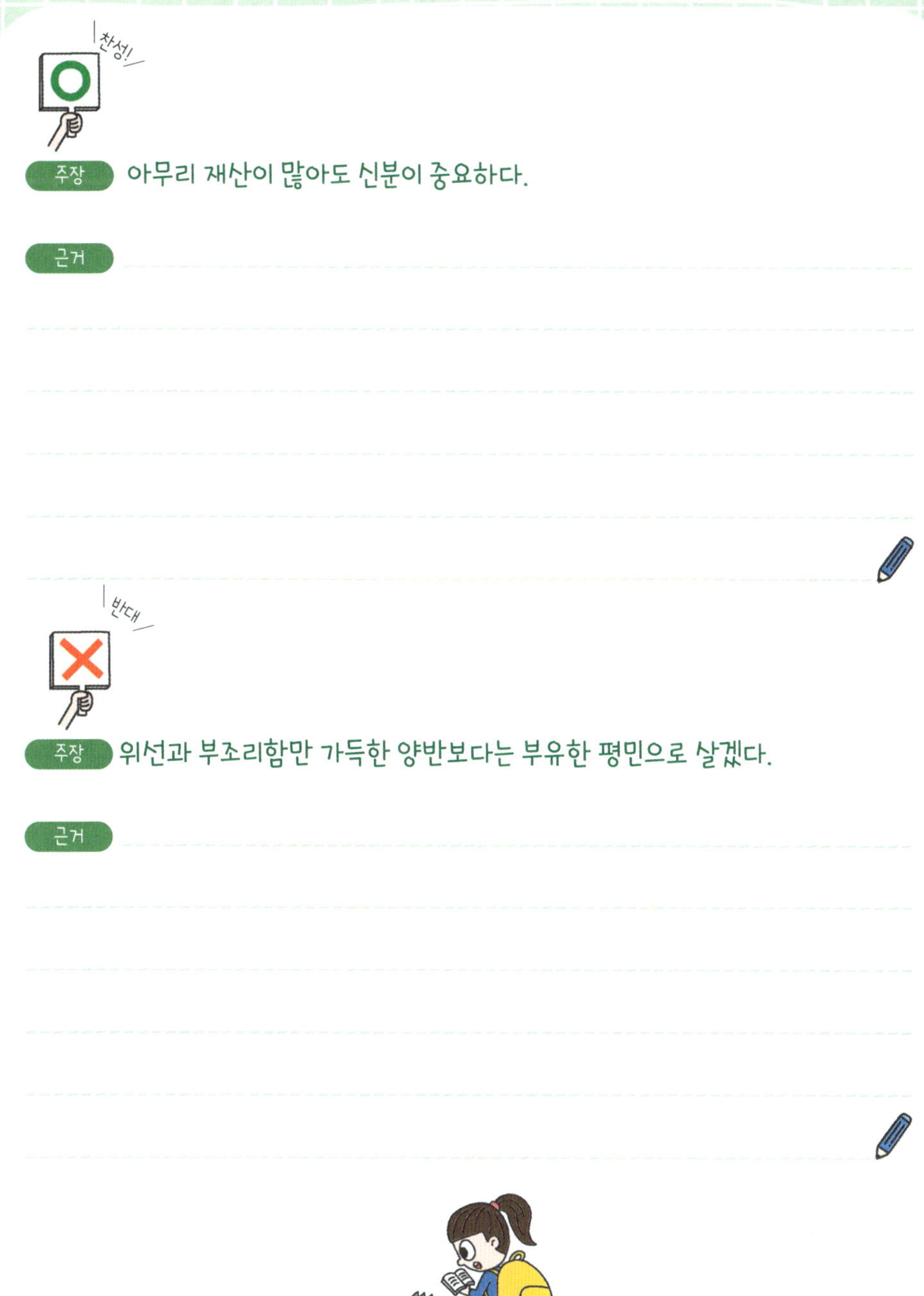
찬성!
주장 아무리 재산이 많아도 신분이 중요하다.
근거
반대
주장 위선과 부조리함만 가득한 양반보다는 부유한 평민으로 살겠다.
근거

조선 시대 경제 구조의 모순과 양반의 위선을 향한 일침

허생전

옛날 조선 시대에 허생이라는 선비가 살았습니다. 그는 묵적골이라는 마을의 작은 초가집에서 살았습니다. 집은 두어 칸뿐이었고, 비바람을 오래 맞아 금방이라도 쓰러질 듯 위태로웠습니다. 집안에는 먹을 것이 없어 늘 배를 곯았습니다. 어느 날, 허기(虛飢, 몹시 배고픔)를 더는 참지 못한 아내가 눈물을 흘리며 말했습니다.

"당신은 평생 과거도 보지 않으면서 왜 날마다 글만 읽나요?"

허생은 조용히 웃으며 대답했습니다.

"아직 글 읽는 법을 다 배우지 못했기 때문이오."

아내는 더욱 답답해졌습니다.

"그럼 공장(工匠, 물건을 만드는 기술자) 일이라도 하세요."

"배운 적이 없으니 어찌 하겠소?"

마침내 아내는 화를 내며 말했습니다.

"밤낮 글만 읽더니 배운 말은 '어찌 하겠소'뿐이군요! 차라리 도둑질이라도 하세요!"

그 말을 듣고 허생은 책을 덮고 집을 나섰습니다. 그는 한양 종로에 가서 사람들에게 물었습니다.

"이곳에서 가장 큰 부자는 누구요?"

사람들은 변씨라는 부자를 알려 주었습니다. 허생은 곧장 그를 찾아가

공손히 읍(揖, 두 손을 모아 절함)하고 말했습니다.

"큰일을 해 보고 싶으니 만 냥만 빌려주시오."

변씨는 선뜻 돈을 내주었습니다. 사람들은 놀랐습니다. 그러자 변씨가 말했습니다.

"보통 청탁(請託, 부탁함)을 하는 사람은 말을 길게 하며 믿어 달라고 하지. 그러나 저 사람은 말이 짧고 눈빛이 당당했네. 무언가 큰일을 할 듯하여 시험해 보고 싶었지."

허생은 그 돈을 들고 집으로 돌아가지 않았습니다. 그는 안성으로 갔습니다. 안성은 삼남(三南, 충청도·전라도·경상도)의 물건이 모이는 중심지였기 때문입니다. 그는 대추, 밤, 감, 배, 귤 같은 과일을 모조리 사들였습니다. 그러자 나라 안에 과일이 부족해졌습니다. 잔치도 제사도 치르기 어려울

정도였습니다. 장사꾼들은 비싼 값을 주고 다시 사려 했습니다.

허생은 혼잣말로 탄식(歎息, 한숨 쉬며 안타까워함)했습니다.

"고작 만 냥으로 나라가 흔들리다니, 참으로 약하구나."

그는 또 칼, 호미, 베, 솜을 사들이고 제주도로 가서 말총까지 사들였습니다. 그 결과 망건(網巾, 상투를 묶는 끈) 값이 열 배로 올랐습니다.

그 무렵 변산에는 도적 떼가 들끓었습니다. 허생은 그들의 괴수(魁首, 우두머리)를 찾아가 말했습니다.

"너희는 이미 도적의 이름이 붙었으니 돌아가기 어렵다. 백 냥씩 가져가 가족을 꾸리고 소를 사 오너라."

도적들은 허생을 따라 빈 섬으로 갔습니다. 그곳은 땅이 기름져 곡식이 잘 자랐습니다. 허생은 곡식을 팔아 은 백만 냥을 벌었습니다. 그러나 그는 그중 절반을 바다에 던졌습니다.

"이 많은 돈도 다 쓰지 못하는데 무엇에 쓰겠는가."

그는 가난한 사람들을 도와주고, 남은 돈으로 변씨에게 빚을 갚았습니다. 변씨는 허생의 사정을 알고 깊이 탄식했습니다. 그 뒤 두 사람은 서로 아끼는 친구가 되었습니다.

- 「허생전」은 조선 후기 실학자 박지원이 지은 한문 소설로, 현실 비판적 풍자 소설이다.
- 이 작품은 상업 활동을 통해 조선 사회의 구조적 모순을 드러낸다.
- 경제 현실을 소재로 사대부 사회의 무능과 형식주의를 비판한다.

어느 날 변씨가 물었습니다.

"어찌 다섯 해 만에 백만 냥을 벌었소?"

허생은 말했습니다.

"물건을 독점(獨占, 혼자 차지함)하면 값이 오른다네. 하지만 그것은 백성을 괴롭히는 일이지. 나랏일을 하는 자가 이런 짓을 하면 그 나라는 병이 들 것이네."

그 무렵 정승(政丞, 높은 벼슬아치) 이완이 허생을 찾아왔습니다. 그는 나라를 위한 계책(計策, 일을 꾸미는 방법)을 묻고자 했습니다. 허생은 말했습니다.

"나라를 바로 세우려면 대의(大義, 나라와 세상을 위한 큰 뜻)를 먼저 생각해야 하오. 외국과도 교류하고, 넓은 세상을 알아야 하오."

그러나 이완은 어렵다고만 했습니다.

"지금 예법을 지키는 사대부들이 누가 머리를 깎고 다른 나라 옷을 입겠습니까?"

그러자 허생이 크게 화를 냈습니다.

"이것도 어렵다, 저것도 어렵다 하면 무엇을 하겠다는 것이오? 세 가지 계책을 알려 주었으나 하나도 못 한다니, 어찌 나라의 신하라 하겠소!"

허생은 당장이라도 칼을 들 듯 노했습니다. 놀란 이완은 급히 달아났습니다. 다음 날 다시 찾아왔으나 허생은 이미 떠나고 없었습니다.

그 뒤로 허생이 어디로 갔는지 아무도 알지 못했습니다.

한눈에 보는 「허생전」

작가 소개

박지원(朴趾源, 1737~1805, 자세한 내용은 「양반전」 참고)

등장인물

- **허생** 경제적으로 무능한 양반이었으나 비범한 능력을 지닌 덕분에 매점매석(買占賣惜, 물건 값이 오를 것을 예상하여 한꺼번에 샀다가 팔기를 꺼려 쌓아 둠)을 통해 부를 축적한 뒤 비판적 지식인으로 거듭나는 인물.
- **허생의 아내** 양반 계층의 무능력을 비판하며 허생을 변화시키는 현실적인 인물.
- **변씨** 신흥 상인 계층을 대변하는 대범한 인물.
- **이완 대장** 당대 보수적이고 무능력한 사대부 계층을 대변하는 인물. 실존 인물로 작품에사실성을 부여함.
- **노파** 정보 전달자로 이야기에 객관성을 부여하는 인물.

핵심 정리

- **갈래** 고전 소설, 한문 소설, 단편 소설, 풍자 소설
- **성격** 비판적, 풍자적
- **배경** 시간-조선 후기(17세기)/공간-한양, 한반도 전역, 무인도, 장기도

- **주제** 양반 계층의 무능함에 대한 비판과 새로운 삶의 각성 촉구
- **특징** -양반들의 위선적인 모습을 비판, 풍자.

  -실학사상을 바탕으로 당대 현실의 비판과 개혁 촉구.

  -고전소설의 일반적 결말(행복한 결말)을 벗어난 열린 결말(미완성 결말).

함께하는 인문학 수업 

「허생전」은 조선 후기, 곧 17세기 효종 대를 배경으로 한 작품으로, 임진왜란(1592)과 병자호란(1636) 이후 피폐해진 조선 사회의 현실을 반영하고 있습니다. 전란으로 국토는 황폐해졌고, 백성들의 삶은 몹시 궁핍하였으며, 정치적으로도 혼란이 이어지던 시기였습니다. 이러한 시대적 상황 속에서 연암은 허생이라는 인물을 내세워 조선 사회의 모순과 새로운 변화의 필요성을 드러내고 있습니다.

묵적골에 사는 가난한 선비 허생은 글 읽기를 좋아하여 밤낮으로 독서에만 몰두하고 생계에는 전혀 관심을 두지 않습니다. 이에 참다못한 아내는 차라리 도둑질이라도 해서 돈을 벌어 오라며 남편을 나무랍니다. 아내의 비난에 자극을 받은 허생은 집을 나와 수소문 끝에 마을에서 제일가는 부자 변씨를 찾아가 만 냥을 빌립니다. 변씨는 허생의 이름조차 묻지 않

았지만, 그의 당당한 태도와 비범한 기상을 보고 큰일을 해낼 인물이라 판단하여 선뜻 거금을 내어줍니다.

허생은 안성과 제주에서 과일과 말총을 사들여 이를 사실상 독점하며 큰돈을 벌어들입니다. 그러나 그는 이 경험을 통해 조선 경제 구조의 취약성을 깨닫고 한탄합니다. 적은 자본으로도 시장을 좌지우지할 수 있을 만큼 유통 구조가 미비하다는 사실을 간파한 것입니다. 이후 허생은 변산의 도적 무리들을 이끌고 빈 섬으로 들어가 새로운 삶을 시작합니다. 도적들은 허생의 지도 아래 농사와 무역을 배우며 자립의 기반을 마련합니다.

허생은 변씨에게 빌린 돈을 열 배로 갚고, 남은 재산은 가난한 이웃을 돕는 데 사용한 뒤 일부는 바다에 던져 버립니다. 이는 부의 축적 자체보다 그 쓰임과 구조가 중요하다는 그의 인식을 상징적으로 보여줍니다. 변씨와 허생은 이후 조선 사회의 모순과 경제 구조의 한계에 대해 깊이 논의합니다.

한편, 훌륭한 인재를 찾던 어영대장 이완에게 변씨는 허생을 소개하고, 두 사람은 허생의 집을 찾아갑니다. 허생은 이완을 시험하기 위해 세 가지 계책을 제시합니다. 첫째는 신분을 가리지 않는 인재 등용, 둘째는 존명배청(尊明排淸) 사상에 얽매인 조선의 폐쇄성을 비판하며 청의 풍습을 받아들일 것을 제안한 것, 셋째는 북벌론(北伐論)의 공허함을 지적하고 청과의 교류를 통해 국력을 키워야 한다는 주장입니다. 그러나 이완은 사대부로서 이를 받아들일 수 없다고 말합니다. 이에 허생은 그의 고루한 태도를 질책하며 분노를 터뜨리고, 이완은 놀라 달아납니다. 이튿날 다시 찾아갔을 때 허생은 이미 자취를 감추고 없습니다.

조선 후기는 양반 중심의 신분 질서가 흔들리고 신흥 상인이 등장하던 변화의 시기였습니다. 또한 관념적(觀念的) 유학 대신 실생활의 유익을 추구하는 실학사상(實學思想)이 대두하였습니다. 연암 사상의 핵심은 이용후생(利用厚生), 곧 백성의 생활을 풍요롭게 하는 데 있습니다. 그는 독점을 통한 부의 축적은 백성을 해치는 일이라 비판하면서도, 국내 유통 구조의 정비와 외국과의 교역을 통해 국력을 키워야 한다고 주장하였습니다.

연암이 직접 관찰한 청나라는 경제와 문화가 크게 발달한 나라였습니다. 그러므로 그에 맞서기 위해서는 현실을 직시하고 국력을 키우는 것이 급선무(急先務)였습니다. 그러나 당시 위정자(爲政者)들은 북벌 사상에만 집착하였습니다. 연암은 「허생전」을 통해 이러한 허례허식과 공허한 명분론을 비판하며, 실질적 개혁과 개방의 필요성을 힘 있게 제시하고 있습니다.

생각하는 힘 기르기

1. 다음 단어를 넣어 문장을 만들어보세요.

① **청탁** (請청할 청 託맡길 탁) ···▶ 청하여 남에게 부탁함.

문장 연습

② **독점** (獨홀로 독 占점령할 점) ···▶ 개인이나 하나의 단체가 다른 경쟁자를 배제하고 생산과 시장을 지배하여 이익을 독차지함.

문장 연습

③ **호걸** (豪호걸 호 傑뛰어날 걸) ···▶ 지혜와 용기가 뛰어나고 기개와 풍모가 있는 사람.

문장 연습

2. 「허생전」의 주제에 대해 적어보세요.

3. 이 작품은 조선 후기 현실 사회를 반영하고 있습니다. 당시 시대 상황에 대해 적어보세요.('함께하는 인문학 수업' 내용을 참고하세요.)

4. 허생은 당대 양반들의 무능을 비판하고 상업과 경제의 중요성을 강조합니다. 그는 행동으로 자신의 생각을 증명하지만, 지속적인 제도 개혁에는 참여하지 않습니다. 여러분은 허생을 이상적인 지식인이라고 생각하나요? 여러분의 생각을 적어보세요.

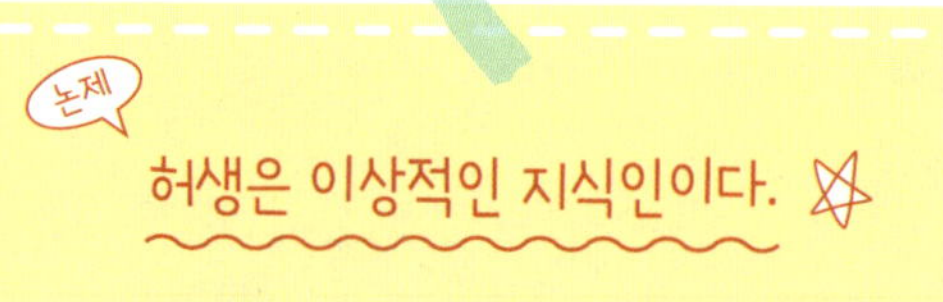

주장　허생은 현실의 모순을 통찰하고 대안을 제시한 개혁적 지식인이다.

근거

주장　허생은 현실과 동떨어진 공상가에 가깝다.

근거

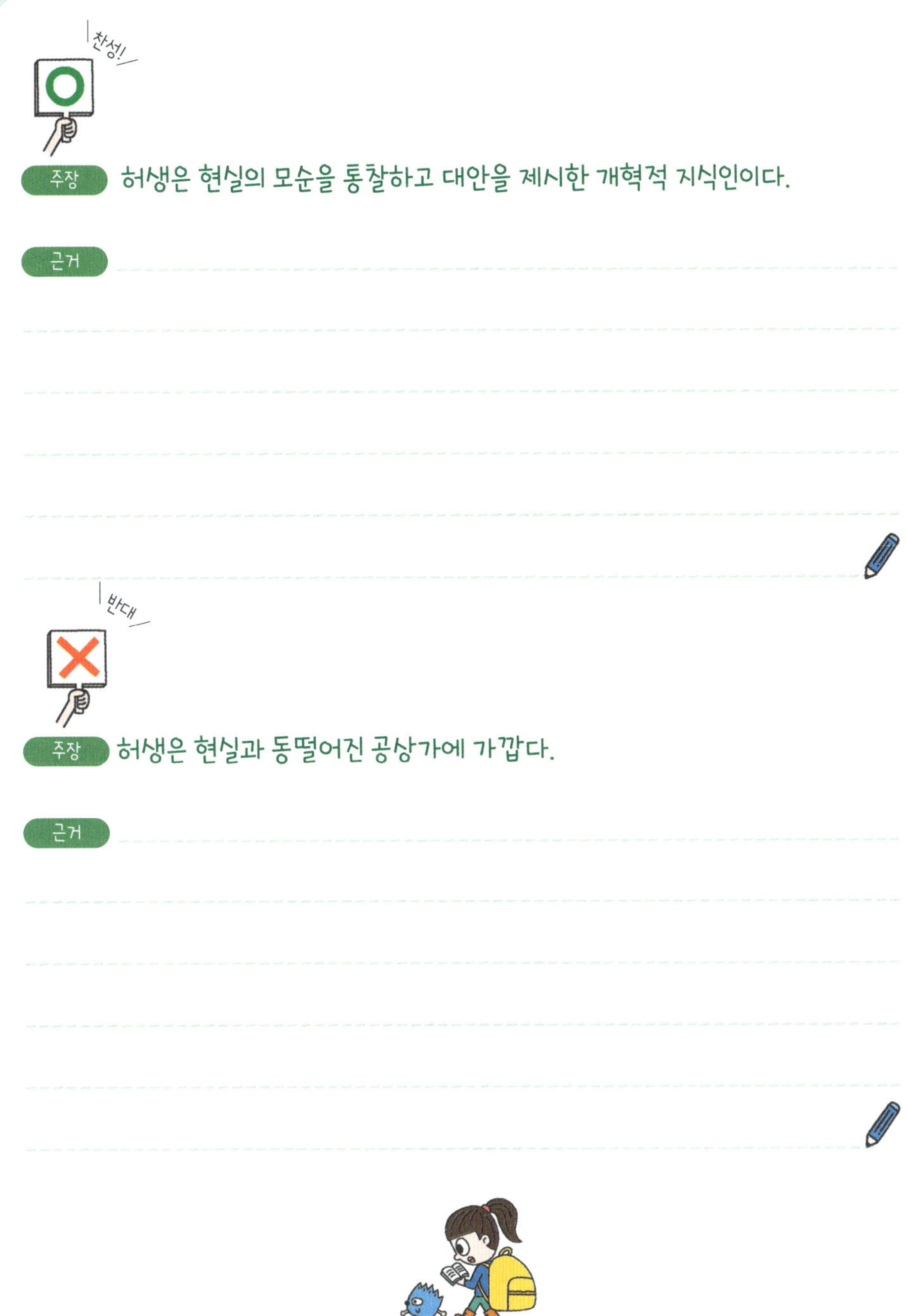

양반의 위선과 허위, 부도덕성을 향한 날카로운 풍자

호질

　　옛날 깊은 산속에 크고 위엄 있는 호랑이가 살고 있었습니다. 사람들은 호랑이를 선(善, 착함)하고 신성한 짐승이라고도 했습니다. 무늬가 아름답고, 용맹하며, 재빠르고, 힘이 세기 때문입니다.

　　어느 날 저녁, 호랑이는 귀신들을 불러 모았습니다.

　　"날이 저무니 무엇을 먹으면 좋겠느냐?"

　　그러자 한 귀신이 말했습니다.

　　"숲속에 선비라는 사람이 있습니다. 그 사람은 어질고 의롭고, 세상의 이치를 잘 아는 훌륭한 사람입니다. 책도 많이 읽고, 예절도 잘 지킵니다. 살도 통통하고 맛도 좋을 것입니다."

　　이 말을 듣자 호랑이는 눈을 크게 뜨며 말했습니다.

　　"그 선비에 대해 더 말해 보아라."

　　귀신들은 다투어 말했습니다.

　　"그는 음양(陰陽, 세상의 두 기운)을 알고, 오행(五行, 나무·불·흙·쇠·물)의 이치도 잘 압니다. 세상의 기운을 이끄는 사람입니다."

　　그러자 호랑이는 얼굴을 찌푸리며 말했습니다.

　　"음양은 원래 하나인데 둘로 나뉜 것이다. 오행도 제각기 자리에서 움직이는 법이다. 선비들이 세상의 이치를 안다고 떠들지만, 그 속이 과연 순수하겠느냐? 괜히 딱딱하고 맛도 없을 것이다."

그 무렵 '정(鄭)'이라는 고을에 북곽 선생(北郭先生)이라는 선비가 살고 있었습니다. 그는 책을 아주 많이 읽고 이름도 높았습니다. 겉으로는 벼슬에 관심이 없는 척했지만, 임금과 여러 사람들이 그의 이름을 칭찬했습니다.

마을 동쪽에는 동리자(東里子)라는 과부가 살고 있었습니다. 사람들은 그녀를 지조(志操, 굳은 마음과 절개)가 높은 여인이라고 칭찬했습니다. 하지만 사실은 아들이 다섯이 있었고, 모두 아버지가 달랐습니다.

어느 날 밤, 다섯 아들은 어머니 방 앞에 모여 노래를 불렀습니다.

"강북에 닭 울고, 강남에 별이 빛나는데

방 안의 저 목소리는 북곽 선생과 닮았구나."

아들들은 방으로 들이닥쳤습니다. 그 안에는 정말로 북곽 선생이 있었습니다. 놀란 선생은 도망치다가 들판의 똥구덩이에 빠지고 말았습니다. 겨우 빠져나와 보니, 눈앞에 큰 호랑이가 서 있었습니다.

호랑이는 코를 막으며 말했습니다.

"어이쿠, 이 선비 냄새가 심하구나!"

북곽 선생은 겁이 나 큰절을 하며 말했습니다.

"호랑이님의 덕은 높고 위엄은 큽니다. 사람들은 호랑이의 용맹을 배우고 싶어 합니다. 저는 미천(微賤, 매우 보잘것없는)한 사람일 뿐입니다."

그러자 호랑이가 꾸짖었습니다.

"가까이 오지 마라! 듣던 대로 선비는 아첨(阿諂, 비위를 맞추는 말)을 잘하는구나. 너희는 늘 오상(五常, 다섯 가지 바른 도리)과 사강(四綱, 지켜야 할 관계)

을 말하지만, 세상에는 죄인들이 넘쳐난다. 인간들은 서로를 해치고 벌을 주며 잔인하게 살아간다.

우리 호랑이는 풀이나 벌레를 괴롭히지 않는다. 작은 짐승도 함부로 죽이지 않는다. 그러나 인간들은 말과 소를 부리면서도 날마다 잡아먹는다. 또 서로 싸우고 죽인다.

남의 것을 빼앗는 자를 도(盜, 도둑질)라 하고, 괴롭히는 자를 적(賊, 해치는 사람)이라 한다. 그런데 인간들은 밤낮으로 그런 일을 하지 않느냐?

우리 호랑이는 동족(同族, 같은 무리)을 해치지 않는다. 그러나 인간들은 서로를 해친다. 또 붓이라는 것을 만들어 먹물로 글을 쓰며 서로를 공격한다. 그 글 한 줄이 칼처럼 날카롭다. 귀신들도 무서워할 만큼 강한 무

- 「호질」은 조선 후기 실학자 박지원이 지은 한문 단편 소설로, 위선적 유학자를 풍자한 작품이다.
- 이 작품은 인간보다 도덕적으로 우월한 존재로 설정된 범을 통해 인간 사회를 비판하는 우의적 풍자 소설이다.

기다.

세상에서 가장 잔인한 것은 인간이 아니냐?”

북곽 선생은 너무 부끄럽고 두려워 머리를 숙였습니다. 그는 황송(惶悚, 몹시 두렵고 송구함)한 마음으로 절을 했습니다.

잠시 뒤 동쪽 하늘에서 해가 떠올랐습니다. 눈을 들어 보니 호랑이는 사라지고 없었습니다.

마침 밭을 갈러 나온 농부가 물었습니다.

“선생님, 왜 이른 아침부터 들에서 절을 하고 계십니까?”

북곽 선생은 조용히 말했습니다.

“하늘이 높으니 엎드리지 않을 수 없고, 땅이 두터우니 기지 않을 수 없구나.”

한눈에 보는 「호질」

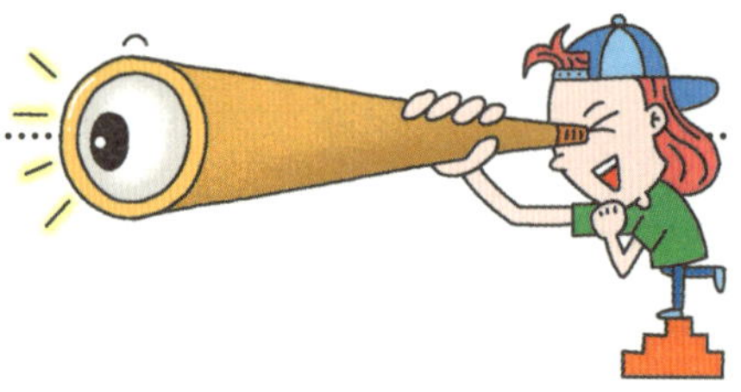

작가 소개

박지원(朴趾源, 1737~1805, 자세한 내용은 「양반전」 참고)

등장인물

- **북곽 선생** 고결한 선비로 알려져 있으나 실상은 위선적이며 아첨을 일삼는 유학자이다.

- **동리자** 지조 있는 과부로 알려져 있으나 실상은 성이 각기 다른 다섯 아들을 둔 위선적인 인물이다.
- **호랑이** 작가의 의식을 대변하며 양반의 위선과 성리학의 모순을 비판하는 의인화된 대상이다.
- **농부** 새벽에 밭을 갈러 나가며 부지런히 노동하는 건강한 서민을 상징한다.

핵심 정리

- **갈래** 고전 소설, 한문 소설, 단편 소설, 풍자 소설
- **성격** 비판적, 교훈적, 풍자적
- **배경** 시간-조선 후기/공간-'정(鄭)'이라는 고을
- **주제** 양반의 위선과 부도덕성 비판
- **특징** -풍자와 해학, 반어와 비유, 우화적 장치를 통해 인간의 위선을 간접적으로 고발.

  -말과 행동이 일치하지 않는 북곽 선생의 모습을 통해 양반의 위선 폭로.

  -호랑이를 의인화하여 인간의 부도덕성 비판.

함께하는 인문학 수업 

　작품의 제목 「호질(虎叱)」은 '호랑이의 꾸짖음'이라는 뜻을 담고 있습니다. 연암 박지원은 이 작품에서 호랑이를 등장시켜, 겉으로는 도덕을 외치지만 실제로는 그렇지 못한 유학자의 허구적 도덕성을 날카롭게 풍자합니다. 현실을 직접적으로 고발하기보다 동물을 통해 우회적으로 비판함으로써, 비판 정신과 문학적 재미를 함께 드러낸 작품입니다.

　작품 속 북곽 선생은 도덕성과 예법을 중시하는 유학자로 알려져 있습니다. 그는 체면과 도리를 강조하며 스스로를 바른 인물처럼 보이게 합니다. 그러나 실상은 다릅니다. 그는 동리자라는 과부와 몰래 정을 통하고 있었습니다. 동리자 역시 수절로 이름난 인물이었지만, 실제로는 북곽 선생과 은밀한 관계를 맺고 있었습니다. 두 사람은 겉모습과 실제 모습이 전혀 다른, 위선적인 인물들입니다.

　어느 날, 북곽 선생은 동리자와 만나는 장면을 과부의 아들들에게 들키고 맙니다. 그는 몹시 당황하여 체면도 잊은 채 우스꽝스러운 모습으로 달아납니다. 급히 도망치던 그는 똥구덩이에 빠지고, 그 순간 호랑이가 나타납니다. 죽음의 위협 앞에서 북곽 선생은 유학자의 위엄을 완전히 버립니다. 그는 호랑이 앞에 엎드려 머리를 조아리며 비굴하게 아첨합니다. 평소 도덕을 말하던 인물의 모습은 사라지고, 목숨을 구걸하는 나약한 인간의 모습만 드러납니다.

이에 호랑이는 인간의 위선과 탐욕, 잔인함과 이기심을 하나씩 짚어 가며 비판합니다. 인간은 도덕을 말하면서도 욕심을 버리지 못하고, 명분을 내세우면서도 권력과 쾌락을 추구한다고 지적합니다. 오히려 자신들은 필요한 만큼만 취하며 절제된 삶을 살기에, 도덕적으로 더 낫다고 말합니다. 이를 통해 연암은 유학자들이 외치는 도덕 규범이 얼마나 헛된 것인지 드러냅니다.

그러나 북곽 선생은 진심으로 반성하지 않습니다. 그는 말로 위기를 모면하려 할 뿐입니다. 한참 동안 반성하는 척 엎드려 있다가 고개를 들자, 호랑이는 이미 사라지고 없습니다. 그때 밭을 갈러 나가던 농부가 그를 발견합니다. 그러자 북곽 선생은 태도를 바꾸어 다시 체면을 차립니다. 그는 마치 큰 깨달음을 얻은 사람처럼 "하늘이 높으니 감히 엎드리지 않을 수 없고, 땅이 두터우니 기지 않을 수 없구나."라고 말하며 허세를 부립니다. 반성의 기미는 전혀 보이지 않습니다.

이 장면에서 성실하게 밭을 가는 농부는 북곽 선생과 뚜렷한 대비를 이룹니다. 꾸밈없이 살아가는 농부의 모습은 북곽 선생의 허위의식을 더욱 두드러지게 합니다. 작가는 이를 통해 위선적이고 부도덕한 인간은 쉽게 변하지 않는다는 메시지를 전합니다.

「호질」은 해학과 반어, 과장 등의 기법을 활용하여 독자에게 웃음을 주면서도 깊은 생각을 하게 만듭니다. 호랑이의 꾸짖음은 결국 인간 스스로를 돌아보게 하는 장치입니다. 이 작품은 말과 행동이 일치하는 삶의 중요성을 일깨워 주는 풍자 소설이라 할 수 있습니다.

생각하는 힘 기르기

1. 다음 단어를 넣어 문장을 만들어보세요.

① **아첨** (阿언덕 아 詔아첨할 첨) ···▸ 남의 환심을 사거나 잘 보이려고 알랑거림.

문장 연습

2. 「호질」의 주제에 대해 적어보세요.

3. 이 작품의 제목 '호질(虎叱)'의 의미와 호랑이의 역할에 대해 적어보세요.('함께 하는 인문학 수업' 내용을 참고하세요.)

4. 이 작품에서 호랑이는 인간의 위선과 탐욕을 비판하며, 오히려 자신들이 더 절제된 삶을 산다고 주장합니다. 그렇다면 여러분은 호랑이의 말에 동의하나요? 인간보다 호랑이가 더 도덕적인 존재라고 볼 수 있을까요? 여러분의 생각을 적어 보세요.

호랑이는 인간보다 도덕적으로 우월한 존재라고 볼 수 있다.

주장 작품 속 설정에서는 호랑이가 더 도덕적인 존재로 그려진다.

근거

주장 호랑이는 상징적 존재일 뿐, 실제로 도덕적 우열을 논할 수 없다.

근거

전생에 못다 한 인연을 이어가는 여성 영웅 금방울의 활약상

금방울전

작품 함께 읽기

　옛날, 전생(前生, 지난 생)에 해룡은 동해 용왕의 아들이었고, 금령은 남해 용왕의 딸이었습니다. 두 사람은 혼인을 했지만 요괴의 공격을 받아 큰 화를 입었습니다. 남해 용왕의 딸은 죽고, 동해 용왕의 아들은 인간 세상으로 내려오게 되었습니다.

　그 아들은 장공 부인의 뱃속으로 들어가 다시 태어났습니다. 그래서 장공의 아들 해룡이 되었습니다. 한편 남해 용왕의 딸은 과부 막씨의 몸에서 사람 아이가 아닌 금방울로 태어났습니다.

　어느 날 막씨는 배가 아파 복병(腹病, 뱃병)으로 괴로워하다가 열 달 만에 아이 대신 반짝이는 금방울을 낳았습니다. 금빛(金光)이 눈부시게 빛났습니다. 막씨는 무서워서 방울을 눌러보고, 돌로 쳐보고, 물에 던지고, 불에 넣어 보았습니다. 그러나 방울은 깨지지 않았습니다. 오히려 더 빛나고 향기까지 났습니다.

　방울은 낮에는 굴러다니며 열매를 따다 주고, 밤에는 막씨의 품에서 자며 몸을 따뜻하게 해 주었습니다. 그래서 막씨는 방울을 자식처럼 아끼게 되었습니다.

　한편 해룡은 세 살 때 피난길에 부모를 잃었습니다. 도적이 해룡을 죽이려 하자 장삼이라는 도적이 말렸습니다.

　“부모 잃은 아이가 무슨 죄가 있느냐?”

장삼은 해룡을 데려다 키웠습니다. 하지만 장삼이 죽자 그의 아내 변씨는 해룡을 미워하며 박해(迫害, 괴롭힘)했습니다. 어느 날 변씨는 산짐승이 많은 험지(險地, 위험한 곳)로 해룡을 보내 죽이려 했습니다.

해룡이 산에 들어가 일을 하려는데 갑자기 큰 범 두 마리가 달려들었습니다. 그 순간, 어디선가 금방울이 번개처럼 나타나 범을 들이받았습니다. 범들은 쓰러졌고, 해룡은 목숨을 구했습니다. 방울은 넓은 밭도 순식간에 갈아 놓았습니다.

이처럼 해룡이 위기에 빠질 때마다 금방울이 나타나 도와주었습니다.

한편 해룡을 잃고 슬픔에 빠진 장공 부인은 병이 들어 쓰러졌습니다. 모두가 울고 있을 때, 금방울이 굴러 들어와 풀잎 하나를 놓고 갔습니다. 그 잎에는 보은초(報恩草, 은혜를 갚는 풀)라고 적혀 있었습니다.

장공이 그 풀을 부인의 입에 넣자, 잠시 뒤 부인이 눈을 뜨며 말했습니다.

"자고 나니 정신이 맑아졌습니다."

모두가 크게 기뻐했습니다. 그 뒤로 장공 부부는 금방울을 더욱 사랑했습니다. 방울은 매우 영민(英敏, 똑똑하고 재빠름)하여 사람처럼 행동했습니다. 그래서 이름을 금령(金鈴)이라 지었습니다.

세월이 흘러 해룡은 장성하여 요괴에게 잡혀간 공주를 구했습니다. 금방울의 도움으로 해룡은 외적을 물리치고 큰 공을 세워 황제의 사위가 되었습니다. 공주는 말했습니다.

"신선이 꿈에 나타나 동해 용왕의 아들이 사람으로 태어났다고 했습니다."

황후는 금령을 어루만지며 고마워했습니다.

"하늘이 너 같은 영물(靈物, 신기한 존재)을 보내 우리를 도왔구나."

그 뒤 금방울은 액운(厄運, 나쁜 운)이 다해 허물을 벗고 아름다운 여인으로 변했습니다. 꿈속에서 선관(仙官, 하늘의 관리)이 나타나 말했습니다.

"이제 인간 세상에서 부귀영화(富貴榮華, 부유하고 영화로운 삶)를 누리게

- 「금방울전」은 전생 인연과 환생을 중심으로 전개되는 고전 소설이다.
- 초월적 존재의 개입을 통해 인간 세계의 질서를 회복하는 구조를 지닌다.
- 권선징악의 도덕적 세계관을 기반으로 한 판타지적 서사이다.

될 것이다."

꿈에서 깨어 보니, 금방울 대신 한 아름다운 선녀가 앉아 있었습니다. 얼굴은 꽃처럼 아름다워 경국지색(傾國之色, 나라를 기울일 만큼 아름다움)이라 할 만했습니다.

마침내 해룡은 족자(簇子, 그림 두루마리)에 남은 그림 덕분에 친부모와 다시 만났습니다. 황제는 금령을 양녀로 삼아 해룡과 혼인시켰습니다.

해룡은 자신을 키워 준 양부 장삼의 묘를 찾아가 절을 올리고, 자신을 괴롭혔던 변씨도 용서했습니다. 변씨는 자신의 잘못을 뉘우쳤습니다.

그 뒤 해룡과 금령은 부귀와 공명(功名, 이름과 공로)을 누리며 살다가 마침내 하늘로 올라가 신선이 되었다고 합니다.

한눈에 보는 「금방울전」

작가 소개

이 작품은 조선 후기 작자 미상의 고전 소설이다.

등장인물

- **해룡** 어려서부터 지혜롭고 비범한 능력을 지녔으며 시련과 고난을 극복하며 성공하는 전형적인 영웅적 인물.
- **금방울** 초자연적인 능력을 지닌 신령스럽고 기묘한 신물(神物)로 주인공

을 보호하고 도와줌.

- **막씨** 금방울의 어머니로 처음에는 금방울을 괴이하게 여겨 꺼리다가 나중에는 자식처럼 아끼고 사랑하는 인물.

- **장공 부부** 해룡의 친부모로 피난길에 해룡을 잃고 마음고생을 하다가 아들을 되찾는 인물. 막씨와 금방울과 인연을 맺으며 서로 도움을 주고받는다.

- **변씨** 해룡의 양어머니로 남편이 죽자 해룡을 구박하며 시련을 겪게 하는 탐욕적이고 이기적인 인물.

핵심 정리

- **갈래** 고전 소설, 전기(傳奇) 소설(기괴하고 신기한 내용의 소설), 영웅 소설, 적강(謫降) 소설(천상계 존재가 지상계로 내려와 고난을 겪은 후 다시 천상으로 돌아가는 구조를 지닌 소설)

- **성격** 교훈적, 권선징악적

- **배경** 시간–명나라 초기/공간–중국 명나라

- **주제** 온갖 역경을 딛고 전생의 연을 다시 이어 행복한 삶을 되찾는 금방울과 해룡

- **특징** －다양한 설화 모티프를 수용.

  －여성 영웅의 등장과 활약상을 담음.

  －조선 후기 사회의 윤리와 가치관을 반영.

　「금방울전」은 중국 명나라 초를 배경으로, 전생에 동해 용왕의 아들이 었던 해룡과 남해 용왕의 딸 금령이 인간 세상에서 다시 만나 혼인을 통해 인연을 완성하는 이야기를 담은 고전 소설입니다. 이 작품은 영웅 소설의 구조를 따르면서도 여성 인물의 활약이 두드러진다는 점에서 특별한 의미를 지닌다고 할 수 있습니다.

　해룡은 전생에 용왕의 아들이었으나 인간 세상에서는 장원의 아들로 다시 태어나게 됩니다. 그러나 피난길에 부모와 헤어져 버리고, 도적 장삼에게 거두어져 자라게 됩니다. 장삼은 해룡의 남다른 기상을 알아보고 그를 정성껏 길러 주지만, 장삼이 세상을 떠난 뒤 그의 아내 변씨는 해룡을 시기하여 모질게 박해합니다. 해룡은 여러 차례 생명의 위기를 겪게 되지만 그때마다 기적처럼 도움을 받아 살아남게 됩니다.

　한편 남해 용왕의 딸 금령은 하늘에서 죄를 지어 인간 세상에 금방울의 모습으로 태어나게 됩니다. 과부 막씨의 딸로 자란 금방울은 평범한 존재가 아니라 특별한 능력을 지닌 영물로, 어머니를 도우며 살아갑니다. 특히 아들을 잃고 병들어 죽을 지경에 이른 장원의 아내에게 '보은초'를 구해다 주어 목숨을 구하게 합니다. 이 일을 계기로 막씨와 장원 부부는 형제의 연을 맺게 되고, 금방울은 해룡이 부모와 헤어지던 장면이 담긴 족자를 전해 주어 훗날 장원 부부가 해룡과 다시 만나는 데 중요한 역할을 하게 됩니다.

성장한 해룡은 장삼의 집을 떠나 세상으로 나아가 지하국 요괴에게 납치된 금선 공주를 구하고 외적을 물리치는 등 큰 공을 세우게 됩니다. 이 과정에서도 금방울은 여러 차례 나타나 해룡을 도우며 위기를 극복하게 합니다. 황제는 해룡의 공을 크게 기뻐하여 그를 사위로 삼게 됩니다. 마침내 금방울은 액운이 다하여 아름다운 인간의 모습으로 변하게 되고, 황제는 그녀를 금령 공주라 부르며 양녀로 삼습니다. 결국 해룡은 금선 공주와 금령 공주를 아내로 맞아 부귀공명을 누리게 되며, 마지막에는 하늘로 올라가 신선이 된다고 전해집니다.

이 작품은 기본적으로 해룡이 여러 시련을 극복하는 과정을 중심으로 전개되는 영웅 소설의 틀을 지니고 있습니다. 그러나 위기의 순간마다 금방울이 능력을 발휘해 해룡을 돕는다는 점에서 여성 영웅 서사의 성격도 함께 지닌다고 볼 수 있습니다. 또한 금방울의 기이한 탄생, 계모에게 박해를 받는 해룡의 서사, 지하국 요괴 퇴치 이야기와 변신 모티프 등 다양한 설화적 요소가 어우러져 이야기의 흥미를 더해 줍니다. 작품 속 '방울'은 전생의 금령이 인간으로 다시 태어나기까지 겪는 시련과 고난을 상징하는 존재라고 볼 수 있습니다. 동시에 방울이라는 존재는 금방울이 당시의 유교적 질서에 얽매이지 않고 자신의 능력을 발휘할 수 있게 하는 장치이기도 합니다. 이러한 점에서 「금방울전」은 전생의 인연과 시련 극복, 그리고 여성의 가능성을 함께 보여 주는 흥미로운 고전 소설이라고 할 수 있습니다.

생각하는 힘 기르기

1. 다음 단어를 넣어 문장을 만들어보세요.

① 고초 (苦쓸 고 楚초나라 초) ···▶ 괴로움과 어려움.

 문장 연습 ________________________________

____

____

② 부귀영화 (富부유할 부 貴귀할 귀 榮영화 영 華빛날 화) ···▶ 재산이 많고 지위가 높으며 귀

하게 되어서 세상에 드러나 온갖 영광을 누림.

문장 연습 ________________________________

____

____

2. 「금방울전」의 주제에 대해 적어보세요.

 ________________________________

____

____

3. 이 작품에서 '방울'의 역할과 의미에 대해 적어보세요.('함께하는 인문학 수업' 내용을 참고하세요.)

4. 이 작품에는 다양한 설화 모티프가 반영되어 있습니다. 어떠한 설화들이 반영되었는지 작품의 내용과 연관 지어 적어보세요.('함께하는 인문학 수업' 내용을 참고하세요.)

쾌락에 빠진 남편을 교화하는 현명한 아내의 이야기

이춘풍전

작품 함께 읽기

조선 숙종 때, 서울에 이춘풍이라는 사람이 살고 있었습니다. 그는 방탕(放蕩, 제멋대로 놀며 사는 것)한 생활을 하며 밤낮으로 술집과 기생집을 드나들었습니다. 부모에게 물려받은 재산도 모두 써 버렸습니다.

돈이 다 떨어지자 춘풍은 집으로 돌아왔습니다. 아내는 눈물을 흘리며 말했습니다.

"이제 우리는 어떻게 살지요?"

그 말을 들은 춘풍은 잠시 반성하는 듯했습니다. 그는 붓을 들어 수기(手記, 손으로 쓴 글)로 다시는 나쁜 짓을 하지 않겠다고 서약(誓約, 굳게 약속함)을 썼습니다.

아내는 그 말을 믿고 열심히 품팔이를 하며 돈을 모았습니다. 하지만 춘풍은 오래가지 못했습니다. 그는 점점 교만(驕慢, 잘난 체하며 거만함)해졌습니다.

어느 날 춘풍은 호조(戶曹, 나라의 재정을 맡던 관청)에서 2천 냥을 빌렸습니다. 그리고 아내가 모은 돈까지 챙겨 평양으로 장사를 가겠다고 했습니다.

아내는 깜짝 놀라 말했습니다.

"평양은 위험한 곳이라 들었습니다. 아름다운 기생들이 돈 많은 사람을 꾀어 재산을 빼앗는다 합니다. 제발 가지 마세요. 예전에 쓴 서약을 잊으

셨습니까?"

그러나 춘풍은 화를 내며 말했습니다.

"내가 장사하러 가겠다는데 왜 말이 많소!"

결국 그는 아내의 만류를 뿌리치고 평양으로 떠났습니다.

평양에 도착한 춘풍은 곧바로 명기(名妓, 이름난 기생) 추월을 만나게 되었습니다. 그는 추월의 아름다움에 빠져 돈을 마구 쓰다가 전 재산을 탕진했습니다. 돈이 다 떨어지자 그는 추월의 집에서 사환(使喚, 심부름꾼)으로 일하게 되었습니다. 그는 박대(薄待, 함부로 대함)와 수모(受侮, 모욕을 당함)를 받으며 비참하게 살았습니다.

한편, 남편 소식을 들은 춘풍의 아내는 가만히 있지 않았습니다. 마침 이웃 참판이 평양 감사로 부임(赴任, 새로 임무를 맡아 감)하게 되자, 아내는 남장을 하고 비장(裨將, 감사 곁에서 일하는 관리)이 되어 함께 평양으로 갔습니다.

비장이 된 아내는 추월의 집을 찾아갔습니다. 거기서 덥수룩한 봉두난발(蓬頭亂髮, 헝클어진 머리)의 춘풍을 보았습니다. 물동이를 이고 심부름하는 모습은 참으로 가엾었습니다.

- 「이춘풍전」은 조선 후기 상업 활동과 가정 윤리를 다룬 현실 풍자 소설이다.
- 방탕한 남성의 몰락과 각성을 통해 가정 중심 가치관을 제시한다.
- 상업 활동을 배경으로 한 교훈적 서사 구조를 지닌다.

비장은 춘풍과 추월을 불러 꾸짖었습니다. 그리고 태장(笞杖, 매로 때리는 벌)을 내려 죄를 다스렸습니다. 또한 추월에게 빼앗긴 5천 냥을 되찾아 주었습니다.

춘풍은 그 돈을 들고 집으로 돌아왔습니다. 그는 마치 장사로 번 돈인 것처럼 으스대며 말했습니다.

"그간 별일 없었소?"

아내는 아무 말 없이 술상을 차렸습니다. 그런데 춘풍은 오히려 아내를 꾸짖었습니다.

"평양에서는 좋은 음식과 호강을 하다가 왔는데 집에 오니 마음에 들지 않는구나."

그 모습은 참으로 한심했습니다.

그날 밤, 아내는 일부러 밖에 나갔다가 다시 비장 복장으로 들어왔습

니다.

"춘풍아, 왔느냐?"

춘풍은 깜짝 놀랐습니다. 평양에서 자신을 도와준 회계 비장(會計裨將)이 서 있는 것이었습니다. 그는 버선발로 뛰어나가 절을 했습니다.

"나으리, 어찌 제 집까지 오셨습니까?"

비장은 말했습니다.

"목이 마르니 갈분(葛粉, 칡가루) 한 그릇 만들어 오너라."

춘풍은 부엌에서 죽을 쑤었습니다. 잠시 후 비장은 말했습니다.

"밤이 늦었으니 여기서 자고 가겠다."

그리고 관망 탕건을 벗고 웃옷을 벗었습니다. 그 순간, 익숙한 모습이 나타났습니다. 비장은 바로 자신의 아내였습니다.

춘풍은 깜짝 놀라 말했습니다.

"이게 어찌 된 일이오?"

아내는 조용히 말했습니다.

"아직도 나를 모르겠습니까?"

그제야 춘풍은 모든 사실을 깨달았습니다. 자신을 구해 준 비장이 바로 아내였던 것입니다. 그는 지난날의 잘못을 깊이 뉘우쳤습니다.

이후 춘풍은 과오(過誤, 잘못)를 반성하고 개과천선(改過遷善, 잘못을 고쳐 착하게 됨)하여 성실하게 살았습니다. 부부는 다시 화목한 가정을 이루고 행복하게 살았습니다.

한눈에 보는 「이춘풍전」

작가 소개

이 작품은 조선 후기 작자 미상의 고전 소설이다.

등장인물

- **이춘풍** 허세와 위선으로 가득 차 부모에게 물려받은 재산과 아내가 모은 돈마저 탕진하는 방탕한 인물. 훗날 아내의 도움으로 개과천선한다.
- **이춘풍의 아내** 생활력이 강하고 당차면서 적극적인 인물로, 전 재산을 잃은 남편을 위기에서 구해 새사람으로 거듭나게 해주는 현명한 여인이다.
- **기생 추월** 돈을 위해 무엇이든 하는 탐욕스러운 기생이다. 이춘풍을 유혹해 재산을 빼앗고 몰락하자 구박하다가 그의 아내에게 혼쭐난다.

핵심 정리

- **갈래** 고전 소설, 판소리계 소설, 풍자 소설
- **성격** 해학적, 교훈적, 풍자적
- **배경** 시간-조선 숙종 때/공간-한양, 평양
- **주제** 허위에 가득 찬 가부장적 사회에 대한 비판과 진취적인 여성상의 제시
- **특징** -판소리 사설 투의 문체를 사용하여 양반층과 평민층의 삶을 반영함.

-편집자적 논평으로 인물에 대한 서술자의 직접적인 평가를 드러냄.

-조선 후기 부패한 세태를 풍자, 비판함.

함께하는 인문학 수업 

「이춘풍전」은 해학과 세태 풍자가 돋보이는 고전 소설로, 무능하고 방탕한 주인공 이춘풍이 현명한 아내 덕분에 개과천선하는 내용을 담고 있습니다. 작품의 내용을 살펴보면 다음과 같습니다.

조선 숙종 때, 한양에 사는 이춘풍은 밤낮으로 놀러 다니며 방탕한 생활을 하면서 부모가 남겨준 수많은 재산을 탕진합니다. 그 후 잠시 반성하는 듯하더니 아내가 삯바느질을 하며 돈을 모으자 집안의 재산과 호조에서 빌린 나랏돈 2천 냥을 가지고 장사를 하겠다며 평양으로 떠납니다.

평양에 간 춘풍은 기생 추월에게 빠져 전 재산을 모조리 빼앗기고, 갈 곳 없는 처량한 신세가 되자 추월의 집 사환이 되어 온갖 무시를 당하며 구박을 받게 됩니다. 이 소식을 들은 춘풍의 아내는 평양 감사로 부임하는 참판에게 자신을 비장으로 써 달라 청하고는 남장을 한 뒤 그를 따라갑니다. 평양에 도착한 춘풍의 아내는 추월을 잡아들여 벌을 내리고, 빼앗긴 춘풍의 돈을 되찾아줍니다.

한편, 돈을 되찾은 춘풍은 한양으로 돌아와 아내에게 평양에서 돈을 많이 벌어온 것처럼 허세를 부립니다. 그러자 춘풍의 아내는 비장 차림으로 나타나 춘풍을 놀라게 하고, 비장과 대화를 나누던 춘풍은 자신의 아내가 비장이라는 것을 알게 되자 지난날의 잘못을 진심으로 뉘우치며 그간의 방탕한 생활을 청산한 뒤 새사람이 됩니다.

이 작품에서 춘풍은 겉으로는 점잖은 척하지만 방탕한 생활을 일삼으며 가정을 돌보지 않고 자신의 욕망을 채우기에 급급한 인물입니다. 반면, 춘풍의 아내는 삯바느질을 하며 재산을 모으는 성실하면서 생활력이 강한 여성으로 남편 춘풍을 위기에서 구해내는 현명한 인물입니다.

이 작품에서 춘풍의 아내는 남편을 위기에서 구하기 위해 비장의 모습으로 남장을 하는데, 여기서 '남장 모티프'의 의미가 매우 중요합니다. 당시 조선 사회는 여성의 역할이 제한되어 있어 여성은 능력이 있어도 마음껏 재능을 펼칠 수가 없었습니다. 그러므로 춘풍의 아내가 남장을 한 것은 현실적으로 문제를 해결하기 위한 최선의 수단이었던 것입니다. 남장을 했기 때문에 비장이 될 수 있었고, 비장의 권력으로 기생 추월을 잡아들여 부당하게 빼앗긴 춘풍의 재산을 되찾을 수 있었습니다. 그러므로 '남장 모티프'는 이 작품에서 적극적으로 문제 해결을 하는 수단이자 여성의 한계를 드러내는 의미를 가지고 있습니다.

이렇듯 이 작품은 조선 후기 허위에 찬 남성 중심 사회와 물질 만능주의 세태를 비판하고 있습니다. 무능한 남편과 지혜로운 아내의 대비를 통해 가부장적인 사회의 남성 권력을 풍자하며 동시에 수동적인 역할에 그쳤던 여성의 모습을 적극적으로 그림으로써 여성의 지위와 역할에 대해 새로운 인식을 갖게 된 당시의 사회상을 반영하고 있습니다.

생각하는 힘 기르기

1. 다음 단어를 넣어 문장을 만들어보세요.

① **서약** (誓맹세할 서 約맺을 약) ···▶ 맹세하고 약속함.

2. 「이춘풍전」의 주제에 대해 적어보세요.

3. 춘풍의 아내는 남장을 한 뒤 비장이 되어 남편을 위기에서 구합니다. 이 작품에서 '남장 모티프, 즉 남장의 의미와 역할'에 대해 적어보세요.('함께하는 인문학 수업' 내용을 참고하세요.)

4. 춘풍의 아내는 방탕한 생활을 일삼으며 재산을 탕진한 남편을 위기에서 구하고 마침내 용서해줍니다. 여러분이 춘풍의 아내라면 과연 춘풍을 용서할 수 있을까요? 여러분의 생각을 적어보세요.

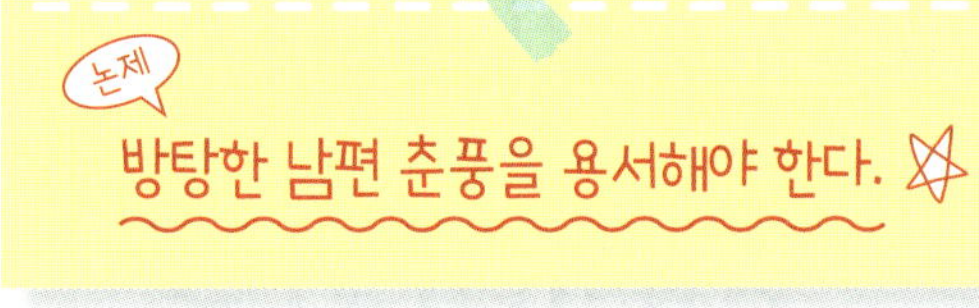

주장 사람은 누구나 실수를 할 수 있으며 춘풍은 성품이 못된 사람은 아니다.

근거

주장 한 번도 아니고 여러 번 재산을 탕진하였으니 더는 용서해서는 안 된다.

근거

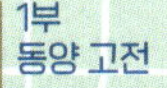

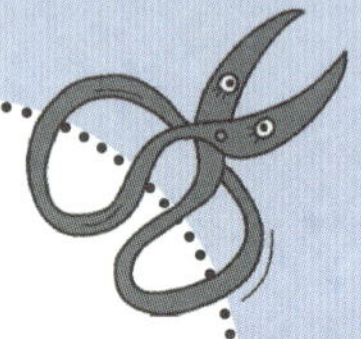

배 비장의 위선과 허위의식을 폭로하다!!

배비장전

작품 함께 읽기

　조선 시대, 제주 목사(牧使, 고을을 다스리던 관리)를 따라 제주로 가게 된 배 비장이라는 사람이 있었습니다. 비장(裨將)은 목사를 도와 일을 하던 관리입니다.

　배 비장이 제주로 떠나려 하자 아내는 걱정이 많았습니다.

　"제주는 미인과 기생이 많다지요. 혹시 여색(女色, 여자의 아름다움)에 마음을 빼앗기지 마세요."

　그러자 배 비장은 크게 말했습니다.

　"나는 절대로 여인에게 현혹(眩惑, 홀려 정신을 빼앗김)되지 않겠소!"

　그렇게 굳게 다짐하고 길을 떠났습니다.

　제주에 도착한 뒤, 배 비장은 정 비장이 기생 애랑과 이별하며 눈물을 흘리는 모습을 보았습니다. 그는 코웃음을 치며 말했습니다.

　"장부가 어찌 아녀자 때문에 저리 약해지는가!"

　이 말을 들은 방자가 장난스럽게 말했습니다.

　"나리께서 한양으로 돌아가기 전까지 저 기생에게 빠지지 않으시면 제가 댁에 가 밥을 얻어먹겠습니다. 하지만 빠지시면 나리의 말을 제게 주십시오."

　배 비장은 호언장담(豪言壯談, 큰소리로 자신 있게 말함)했습니다.

　"좋다! 내가 어찌 속이겠느냐?"

그렇게 둘은 내기를 했습니다.

다른 비장들은 기생들과 어울리며 즐거운 시간을 보냈지만, 배 비장은 일부러 점잖은 척하며 혼자 지냈습니다. 그러자 목사는 그런 배 비장을 골려 주려고 방자와 애랑과 함께 계략을 꾸몄습니다.

어느 날 한라산으로 꽃놀이를 갔습니다. 애랑은 숲속 시냇가에서 옷자락을 살랑이며 교태(嬌態, 일부러 예쁘게 보이려는 태도)를 부렸습니다. 배 비장이 우연히 그 모습을 보고 말았습니다.

햇빛 아래에서 물에 뛰어드는 애랑의 모습은 정말 아름다웠습니다. 배 비장은 순간 정신이 몽롱(朦朧, 흐릿하고 어지러움)해졌습니다.

"저 여인은 누구일까…."

그는 마음이 흔들렸습니다.

결국 배 비장은 애랑을 다시 보고 싶어졌습니다. 결국 상사병(相思病, 그리워서 앓는 병)까지 앓게 되었습니다. 참다못해 방자를 통해 애랑에게 편지를 보냈습니다. 그러자 애랑은 밤에 몰래 집으로 오라고 답장을 보냈습니다.

그날 밤, 배 비장은 몰래 애랑의 집으로 갔습니다. 그런데 갑자기 방자가 애랑의 남편인 척하며 들이닥쳤습니다. 놀란 애랑은 배 비장을 자루 속에 숨겼습니다.

방자는 자루를 가리키며 물었습니다.

"저건 무엇이냐?"

"거문고입니다."

"그렇다면 연주해 보자."

방자는 대꼬챙이로 자루를 탁탁 쳤습니다. 자루 속의 배 비장은 아픔을 참고 "둥덩둥덩" 소리를 내야 했습니다.

겨우 자루에서 나온 배 비장은 이번에는 궤 속에 숨었습니다. 그러자 방자는 말했습니다.

"피나무 궤에 액신(厄神, 나쁜 운을 가져오는 귀신)이 붙었으니 바다에 버리라 하셨다."

궤를 들고 나가 바다에 버리는 척하며 동헌(東軒, 관청의 마당)에 두었습니다.

"궤 속 귀신아! 바다에 띄우니 떠나거라!"

사람들은 "어기어차!" 하며 노 젓는 흉내를 냈습니다.

궤 속의 배 비장은 진짜 바다에 떠 있는 줄 알고 속으로 생각했습니다.

'이제 나는 죽는구나.'

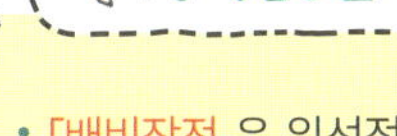

- 「배비장전」은 위선적 도덕주의와 허세를 해학적으로 폭로하며, 양반 관료 계층의 권위 의식을 풍자한 판소리계 소설이다.
- 망신 장면은 개인의 실패가 아니라 권위의 허구성을 드러내는 장치이다.
- 웃음은 단순한 희극적 효과가 아니라 신분 권위에 대한 사회적 저항 방식이다.

사람들이 말했습니다.

"눈을 감고 헤엄쳐 나오너라. 소금물에 눈이 멀 수 있다."

배 비장은 벌거벗은 채 눈을 꼭 감고 궤 밖으로 나왔습니다. 한참 헤엄치는 흉내를 내다가 머리를 딱딱한 돌에 부딪쳤습니다.

눈을 떠 보니 바다가 아니라 동헌 마당이었습니다. 주위에는 사또와 비장들, 기생들, 방자와 노비들이 모여 있었습니다. 모두 웃음을 참고 있었습니다.

그제야 모든 일을 깨달은 배 비장은 얼굴이 붉어졌습니다. 그는 몹시 부끄러워 고개를 들지 못했습니다.

처음에는 큰소리치며 여색에 빠지지 않겠다던 배 비장이 결국 자신의 자만심 때문에 크게 망신을 당한 것입니다.

한눈에 보는 「배비장전」

작가 소개

이 작품은 조선 후기 작자 미상의 고전 소설이다.

등장인물

- **배 선달** 비장의 신분으로 기생을 멀리 하겠다며 기생과 가까이하는 다른 자들을 비웃다가 기생 애랑의 계략에 넘어가 망신을 당하는 위선적인

인물이다.

- **애랑** 두 명의 비장을 유혹한 기생이다.
- **제주 목사** 문장과 재능이 뛰어난 양반으로 혼자 깨끗한 척 위선적인 모습을 보이는 배 비장을 골탕 먹이기 위해 계략을 벌이는 인물이다.
- **방자** 배 비장의 약점과 위선을 폭로하는 인물이다.

핵심 정리

- **갈래** 고전 소설, 판소리계 소설, 풍자 소설
- **성격** 해학적, 교훈적, 풍자적
- **배경** 시간-조선 후기/공간-호남 좌도 제주군
- **주제** 허세로 가득한 양반의 위선에 대한 비판과 풍자
- **특징** -판소리계 소설로 양반층과 평민층의 삶을 반영함.

  -양반의 허세와 위선을 조롱하며 풍자.

  -근원 설화(발치 설화, 미궤 설화 등)를 가지고 있음.

함께하는 인문학 수업  

「배비장전」은 위선적인 양반 배 비장을 통해 당시 지배 계층을 조롱하고 풍자하며 비판하는 판소리계 소설입니다. 작품의 내용을 살펴보면 다

음과 같습니다.

제주 목사로 부임하는 김경 일행을 따라 배 비장이 제주도에 도착했을 무렵, 그들은 우연히 정 비장과 기생 애랑의 이별 장면을 목격하게 됩니다. 정 비장은 애랑에게 흠뻑 빠져 가진 것을 모두 애랑에게 내어준 뒤 자신의 이빨마저 뽑아 건네줍니다. 이를 본 배 비장은 기생에게 넘어간 정 비장을 비웃으며, 자신은 절대 여자의 유혹에 빠지지 않겠다고 다짐합니다. 그러자 제주 목사와 방자, 기생 애랑은 혼자 깨끗한 척하는 배 비장을 골탕 먹이기 위해 계획을 세웁니다.

그들의 작전은 제주 목사와 모든 관리들이 한라산으로 꽃놀이를 간 날 실행되는데, 함께 꽃놀이를 나온 애랑은 숲속 시냇가에서 온갖 교태를 부리며 배 비장을 유혹하기 시작합니다. 결국 애랑의 유혹에 넘어간 배 비장은 방자를 시켜 애랑에게 자신의 마음을 전하고, 방자를 통해 애랑과 편지를 주고받던 배 비장은 더는 참지 못하고 마침내 애랑의 집까지 찾아갑니다. 그런데 그때 애랑의 남편인 척하는 방자가 들이닥치자 배 비장은 급히 자루 속에 숨었다가 다시 피나무 궤에 몸을 숨기며 들키지 않으려고 애를 씁니다. 이에 방자는 배 비장을 놀리기 위해 악귀가 붙은 피나무 궤에 불을 지르겠다 위협하고, 톱으로 궤를 자르겠다 협박하면서 배 비장을 혼란스럽게 합니다. 결국 배 비장이 몸을 숨긴 궤는 목사와 아전, 군졸들이 있는 동헌으로 운반됩니다. 일행들은 그 궤를 바다에 던진 척 연기를 하고, 자신이 바다 위에 던져졌다고 착각한 배 비장은 살려달라며 도움을 청합니다. 그러자 사령들이 선원인 척 연기를 하며 궤의 문을 열어주자

알몸으로 튀어나온 배 비장은 댓돌에 머리를 부딪히며 망신을 당합니다. 마침내 진실을 알게 된 배 비장은 몹시 부끄러움을 느끼며 차마 고개를 들지 못합니다.

　이 작품에는 두 개의 근원 설화가 반영되어 있는데, 하나는 기생과 이별을 하면서 자신의 이를 뽑아준 한 남성의 이야기 '발치 설화'이고, 다른 하나는 기생을 멀리했다가 어린 기생의 계략에 빠져 알몸으로 뒤주에 갇혀 망신을 당하는 어느 관리의 이야기 '미궤(쌀뒤주) 설화'입니다. 또한 이 작품이 판소리계 소설인 만큼 곳곳에 판소리의 흔적이 남아 있습니다.(「배비장전」 원문 참고.) 판소리의 특징 중 하나인 리듬감 있는 운문체, 판소리가 서민과 양반층이 함께 즐긴 음악인 만큼 두 계층의 의식이 반영되어 언어의 이중성(평민의 언어, 양반층의 언어)을 보이며, 해학적인 표현으로 독자에게 웃음을 유발하고 있습니다. 이렇듯 이 작품은 겉으로는 점잖은 체하지만 탐욕스러운 배 비장의 실체를 통해 지배층의 허세와 위선을 조롱하고 풍자하며, 신분 질서가 혼란해진 조선 후기 시대 상황을 진실하면서 유쾌하게 묘사하고 있습니다.

생각하는 힘 기르기

1. 다음 단어를 넣어 문장을 만들어보세요.

① 호언장담 (豪호걸 호 言말씀 언 壯장할 장 談말씀 담) … 호기롭고 자신 있게 말함. 또는 그 말.

 문장 연습

------

2. 「배비장전」의 주제에 대해 적어보세요.

------

3. 이 작품에는 두 가지의 근원 설화가 수용되어 있습니다. 작품에 반영된 근원 설화에 대해 적어보세요.('함께하는 인문학 수업' 내용을 참고하세요.)

4. 이 작품에서 배 비장은 겉으로는 강직하고 여색을 멀리한다고 말하지만, 결국 유혹에 넘어가 망신을 당합니다. 이러한 모습은 위선으로 볼 수도 있고, 인간적인 욕망으로 이해할 수도 있습니다. 배 비장의 행동은 과연 위선일까요, 욕망일까요? 그 이유도 함께 적어보세요.

주장 배 비장의 행동은 명백한 위선이다.

근거

주장 배 비장의 행동은 위선이라기보다 인간적인 한계이다.

근거

2부
서양 고전

패배하지 않는 위대한 인간의 힘

노인과 바다

작품 함께 읽기

  멕시코 만의 작은 마을에 산티아고라는 늙은 어부가 살고 있었습니다. 그는 낡은 조각배 한 척을 타고 매일 바다로 나가 고기를 잡았습니다. 노인의 하나뿐인 벗은 마놀린이라는 소년이었습니다. 소년은 어릴 적부터 노인에게 고기 잡는 법을 배웠고, 노인을 누구보다 믿고 따랐습니다.

  하지만 노인은 84일 동안 단 한 마리의 고기도 잡지 못했습니다. 처음 40일은 소년과 함께 나갔지만, 소년의 아버지는 더 이상 그 배를 타지 말라고 했습니다. 운이 따르지 않는다고 생각했기 때문입니다. 그래서 노인은 혼자 바다로 나가야 했습니다.

  그래도 소년은 노인을 떠나지 않았습니다. 저녁이면 오두막에 찾아와 음식을 가져다주고, 담요를 펴 주며 이런저런 이야기를 나누었습니다. 노인은 어부로 사는 일이 자신의 숙명(宿命, 타고난 운명)이라고 여겼습니다. 고기를 잡지 못해도 바다를 떠날 수는 없었습니다.

  85일째 되는 날, 노인은 새벽 어둠 속에서 혼자 먼바다로 나갔습니다. 바다는 깊고 고요했습니다. 해가 떠오를 무렵, 낚싯줄 하나가 천천히, 그러나 아주 강하게 당겨졌습니다. 노인은 큰 고기임을 알아차렸습니다.

  청새치는 깊은 바다 속으로 힘차게 헤엄쳤습니다. 배는 그 힘에 끌려갔습니다. 노인은 줄을 두 손에 감고 버텼습니다. 줄이 손바닥을 파고들어 살이 벗겨지고 피가 흘렀습니다. 그래도 그는 놓지 않았습니다.

밤이 오고 별이 떴습니다. 고기는 계속 앞으로 나아갔습니다. 노인은 거의 잠들지 못한 채 서서 줄을 붙잡고 있었습니다. 어깨와 허리는 몹시 아팠습니다. 물도 거의 남지 않았습니다. 그는 혼잣말을 했습니다.

"나는 너를 반드시 잡겠다. 인간이 얼마나 견디는 존재인지 보여 주겠다."

이틀이 지나고 셋째 날이 밝았습니다. 갑자기 거대한 청새치가 물 위로 솟구쳤습니다. 햇빛을 받아 은빛 몸이 번쩍였습니다. 배보다 더 길어 보였습니다. 노인은 숨을 고르고 작살을 던졌습니다.

청새치는 크게 몸을 흔들다가 조용히 물 위에 떠올랐습니다.

그러나 고기가 너무 커서 배 안에 실을 수 없었습니다. 노인은 밧줄로 고기를 배 옆에 묶었습니다. 그리고 천천히 집으로 돌아가기 시작했습니다.

하지만 피 냄새를 맡은 상어들이 몰려왔습니다. 상어는 날카로운 이빨로 고기를 물어뜯었습니다. 노인은 작살을 들고 맞섰습니다. 한 마리를 물리치자 또 다른 상어가 나타났습니다. 작살이 부러지자 그는 칼을 묶어 휘둘렀습니다. 칼도 망가지자 노를 들고 싸웠습니다.

그는 사투(死鬪, 죽기를 각오한 싸움)를 벌였습니다. 손은 피로 젖었고, 몸은 점점 지쳐 갔습니다. 그래도 그는 멈추지 않았습니다.

"인간은 패배하도록 만들어지지 않았다. 인간은 파멸(破滅, 아주 망해 버림)할 수는 있어도, 패배하지는 않는다."

상어들은 차례로 고기를 뜯어 갔습니다. 해가 질 무렵, 청새치는 거의

남지 않았습니다. 길게 이어진 등뼈와 커다란 머리, 꼬리만 물 위에 남았습니다.

노인은 아무 말 없이 배를 몰았습니다.

밤이 되어 마을에 도착했습니다. 그는 배를 묶고 돛대를 어깨에 메었습니다. 몇 걸음 걷다가 멈추고, 다시 걸었습니다. 몸은 몹시 무거웠지만 그는 오두막까지 돌아왔습니다. 그리고 엎드린 채 깊은 잠에 빠졌습니다.

다음 날 아침, 마을 사람들이 배 주변에 모였습니다. 거대한 고기 뼈를 보고 놀랐습니다. 그제야 노인이 얼마나 큰 고기를 잡았는지 알게 되었습

- 「노인과 바다」는 결과적 성공이 아닌 존재의 존엄을 주제로 한다.
- 산티아고의 투쟁은 자연과의 대립이 아니라 자기 존재의 확인 과정이다.
- 상어의 공격은 현실 세계의 냉혹함을 상징한다.
- 이 작품은 패배 속에서 완성되는 인간의 위엄을 보여 준다.

니다.

소년은 오두막으로 달려갔습니다. 노인은 엎드린 채 자고 있었습니다. 두 손은 상처로 굳어 있었습니다. 소년은 조용히 곁에 앉아 노인을 지켜보았습니다.

노인은 꿈을 꾸고 있었습니다.

젊은 시절 갔던 아프리카의 해변이 보였습니다. 길게 늘어선 황금빛 모래사장, 하얗게 빛나는 해안, 높이 솟은 곶(串, 바다로 길게 튀어나온 땅), 갈색 산이 보였습니다. 따뜻한 바람이 불고, 파도 소리가 들렸습니다.

어둠 속에서 사자들이 해변을 따라 내려왔습니다. 한 마리, 또 한 마리. 노인은 난바다에 정박(碇泊, 배를 멈추어 묶어 둠)한 배의 뱃머리에 기대어 그 모습을 바라보고 있었습니다. 마음은 고요하고 편안했습니다.

오두막에서 노인은 여전히 잠들어 있었습니다. 소년은 조용히 말했습니다.

"이제 저도 다시 함께 바다에 나가겠습니다."

노인은 대답하지 않았습니다. 그는 다시 깊은 잠에 빠져들었고, 사자들이 걷는 해변을 꿈속에서 바라보고 있었습니다.

한눈에 보는 「노인과 바다」

작가 소개

어니스트 헤밍웨이는 1899년에 태어난 미국의 소설가이다. 그는 짧고 간결한 문체로 유명하며, 전쟁과 인간의 용기, 고독을 사실적으로 그렸다. 대표작으로는 『노인과 바다』, 『무기여 잘 있거라』가 있다. 1954년 노벨문학상을 받았으며, 강인하면서도 고독한 인간상을 작품 속에 담아 큰 영향을 남겼다.

등장인물

- **산티아고 노인** 노쇠한 쿠바 어부로 84일간 고기를 잡지 못해 불운한 노인 취급을 받다가 우연히 큰 고기를 낚게 되어 사투를 벌인다. 집념과 끈기가 있는 인물이다.
- **마놀린** 산티아고 노인을 존경하며 잘 따르는 인물로, 고기잡이를 좋아하는 착하고 순수한 소년이다.

핵심 정리

- **갈래** 현대 소설
- **성격** 철학적, 교훈적, 상징적
- **배경** 시간-20세기 중반/공간-쿠바의 해안 마을

- **주제** -시련 속에서도 꺾이지 않는 인간의 불굴의 의지

     -인간과 자연의 조화와 갈등

- **특징** -간결한 문체 속에 인생의 철학과 상징이 깃들어 있음.

     -인간 존재의 고독함과 위대함을 반영.

     -인간의 강인한 정신과 더불어 자연 앞에서 인간은 겸허해야 한다
      는 인간의 한계를 보여줌.

함께하는 인문학 수업 

　어니스트 헤밍웨이는 전쟁과 사고, 실패와 성공을 모두 겪은 작가였습니다. 그는 제1차 세계대전에 참전해 큰 부상을 입었고, 이후에도 아프리카 여행 중 비행기 사고를 당해 여러 차례 목숨을 잃을 뻔했습니다. 결혼과 이별을 반복하며 파란만장한 삶을 살았고, 아버지의 자살로 깊은 상처도 안고 살아갔습니다. 작품을 발표할 때마다 극찬과 혹평을 동시에 받으며 명성과 추락을 오갔습니다. 그런 그에게 1952년에 발표한 「노인과 바다」는 퓰리처상과 노벨문학상이라는 영광을 안겨 주며 다시 한 번 그의 문학적 명성을 굳게 세워 준 작품이었습니다.

　「노인과 바다」는 헤밍웨이가 쿠바의 한 항구에서 어부의 이야기를 듣고 구상한 작품이다. 그는 바다와 그 안의 생명들을 단순한 배경이 아니

라 살아 있는 존재로 그렸습니다. 그리고 노인 산티아고를 통해 시련 속에서도 꺾이지 않는 인간의 의지를 보여 주었습니다. 간결한 문장과 단순한 줄거리 속에는 삶에 대한 깊은 성찰이 담겨 있습니다. 그래서 이 작품을 읽을 때는 등장하는 소재의 상징적 의미를 함께 살펴볼 필요가 있습니다.

먼저 '바다'는 자연 그 자체이자 노인의 삶의 터전입니다. 동시에 그의 생명을 위협하는 거대한 존재이기도 합니다. 바다는 노인의 삶과 죽음을 함께 품고 있는 공간입니다. 84일 동안 고기를 잡지 못했지만, 노인이 매일같이 바다로 향하는 모습은 인간이 자신의 삶의 자리로 다시 나아가는 모습을 상징합니다.

노인이 힘겹게 잡은 '청새치'는 인간이 이루고자 하는 목표이자 도전 과제입니다. 그는 그 거대한 생명체를 존중하면서도 끝까지 맞서 싸웁니다. 이는 단순한 사냥이 아니라, 자신과의 싸움이기도 합니다. 반면 청새치를 뜯어먹는 '상어'는 외부에서 밀려오는 시련과 현실의 한계를 상징합니다. 어렵게 얻은 성취를 무너뜨리는 힘이 바로 상어의 모습으로 나타납니다.

사투를 마친 노인이 꿈속에서 바라보는 '아프리카'와 '사자' 역시 중요한 상징입니다. 아프리카는 인간의 손길이 닿지 않은 원초적 자연을 뜻하며, 사자는 자유와 생명력, 젊은 시절의 힘을 상징합니다. 노인은 극한의 고통 속에서도 그 꿈을 통해 잠시 평온을 얻게 됩니다. 그것은 자연과 하나가 되었을 때 느낄 수 있는 고요한 위안입니다.

청새치와의 싸움은 곧 노인 자신과의 싸움이었습니다. 상어에게 뜯겨 살점이 사라진 청새치는, 끝까지 버티는 인간의 모습과 겹쳐 보입니다. 노인은 고기의 무게가 가벼워졌으니 배를 몰기 쉬울 것이라며 담담히 말합니다. "너무 멀리 나갔던 것뿐."이라는 그의 말에는 후회와 체념, 그리고 묵묵한 수용이 함께 담겨 있습니다.

노인은 인간이 자연보다 우월하다고 생각하지 않습니다. 그는 자연의 질서에 순응하며 살아갑니다. 그러나 동시에 인간은 살아남기 위해, 또 살아가기 위해 끊임없이 도전하고 싸워야 하는 존재입니다. 그 과정에서 인간은 스스로 생각한 것보다 더 큰 힘을 발휘합니다.

노인의 손에 남은 전리품(戰利品, 싸움에서 얻은 물건)은 아무것도 없습니다. 겉으로 보면 패배처럼 보입니다. 그러나 끝까지 포기하지 않았다는 점에서 그의 싸움은 또 다른 의미의 승리입니다. 그것은 완전한 성공은 아닐지라도, 인간 의지의 힘을 보여 준 아름다운 싸움이었습니다.

생각하는 힘 기르기

1. 다음 단어를 넣어 문장을 만들어보세요.

① **숙명** (宿묵을 숙 命목숨 명) ⋯▸ 날 때부터 타고난 정해진 운명.

문장 연습

② **사투** (死죽을 사 鬪싸울 투) ⋯▸ 죽기를 각오하고 싸우거나 죽을힘을 다하여 싸움.

문장 연습

2. 「노인과 바다」의 주제에 대해 적어보세요.

2. 이 작품에서 '바다'와 '청새치', '상어'가 상징하는 바가 무엇인지, 그리고 '아프리카'와 '사자'가 등장하는 꿈은 어떤 의미를 지니고 있는지 적어보세요.('함께하는 인문학 수업' 내용을 참고하세요.)

4. 노인이 말한 "인간은 파멸할 수는 있어도, 패배하지는 않는다."라는 문장의 의미를 작품의 내용과 연결하여 설명해보세요.

5. 상어와 맞서 싸워 이겼지만 노인에게 남은 것은 거대한 청새치의 뼈뿐이었습니다. 과연 노인은 싸움에서 승리한 것일까요? 여러분의 생각을 적어보세요.

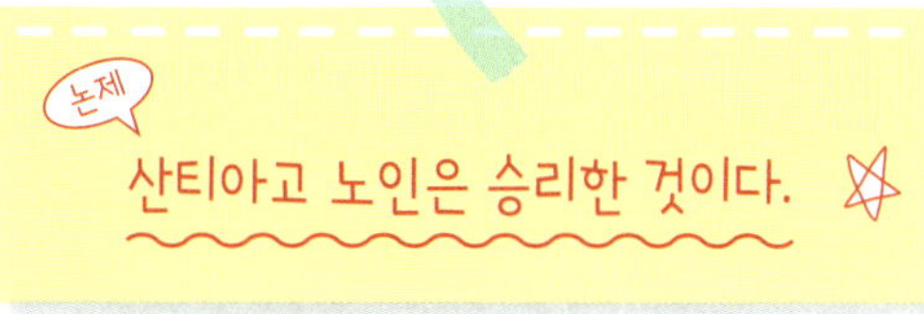

주장 노인은 청새치를 끝까지 지켜내고 상어를 물리쳤으니 승리한 것이다.

근거

주장 노인에게 필요한 것은 물고기였으므로 남은 것이 없는 싸움은 패배한 것이다.

근거

호기심 많은 소녀의 신비한 여행

이상한 나라의 앨리스

작품 함께 읽기

　언니와 함께 아이시스 강으로 소풍을 나온 앨리스가 잠시 지루해하던 순간, 조끼를 입은 하얀 토끼가 회중시계(懷中時計, 주머니에 넣어 가지고 다니는 시계)를 들여다보며 어딘가로 급히 달려가고 있었습니다. 앨리스는 무언가에 이끌리듯 무작정 토끼를 따라갔습니다. 앨리스의 기이(奇異, 매우 이상하고 신기함)한 모험은 토끼를 따라 땅속으로 내려가면서 시작되었습니다.

　깊은 땅굴 속으로 떨어진 앨리스는 토끼가 사라진 문 앞에서 좌절하였습니다. 문이 너무 작아 들어갈 수 없기 때문이었습니다. 고민하던 순간 앨리스는 '나를 마셔요.'라고 쓰여 있는 병을 발견하고는 그 음료를 마셨습니다. 그러자 앨리스의 몸은 작은 문을 통과할 만큼 급격히 작아져 앨리스는 쉽게 문으로 들어갔습니다. 정처 없이 길을 가던 앨리스는 이번에는 '나를 먹어요.'라고 쓰인 컵케이크를 발견하고는 한입 베어 물었습니다. 그러자 다시 몸이 커지기 시작했습니다. 문득 두려워진 앨리스는 갑자기 울음을 터트리기 시작했고, 앨리스가 흘린 눈물은 호수가 되었습니다. 그때 앨리스의 눈앞에 토끼가 떨어뜨리고 간 부채가 보였고, 부채를 부치자 앨리스의 몸은 다시 작아지기 시작하였습니다. 앨리스는 자신의 눈물로 만들어진 호수에 빠지게 되었고, 그곳에서 헤엄치고 있는 생쥐를 만났습니다. 그러다 몸집이 커졌다 작아졌다를 반복하게 되는 버섯을 발견한 앨리스는 이제 상황에 맞게 버섯을 먹으며 몸의 크기를 조절하는 기지(機智, 상황에 맞게 재빠르게 생각해 내는 슬기)를 발휘했습니다.

그렇게 정처 없이 길을 가는 도중 물담배를 피우는 쐐기벌레와 위엄을 갖추고 여왕의 파이를 지키는 공작부인, 늘 웃는 얼굴로 나타났다가 갑자기 사라지는 체셔 고양이, 차를 마시는 미치광이 모자 장수, 겨울잠을 자는 산쥐를 찻주전자에 빠트리는 3월의 토끼, 트럼프 카드 병정들, 고슴도치, 홍학으로 크로케(croquet, 막대로 공을 쳐서 하는 놀이)를 하는 하트 여왕, 그리고 앨리스에게 바닷가재 춤을 알려주는 가짜 거북 등 기이한 인물들을 만났습니다. 그러다 앨리스는 하트 여왕의 파이를 훔쳤다는 누명을 쓴 하트 잭을 도와주기 위해 재판장에 증인으로 서게 되었습니다.

"저것보다 확실한 증거가 어디 있겠소. 그리고 '그녀가 미치기 전에….' 라니. 여보, 당신은 미친 게 아니잖소?" 왕이 여왕에게 물었습니다.

"그럼, 절대로!"

순간, 여왕이 몹시 화를 내며 도마뱀에게 잉크병을 던졌습니다.

"그렇다면 이 말이 당신에게 미치는 건 아니겠군." 왕이 미소를 띤 채 법정을 둘러보며 말하였습니다. 순간, 법정에 어색한 침묵이 흘렀습니다.

수능 1등급용 심화 해설

- 「이상한 나라의 앨리스」는 현실 규범과 권위를 풍자한 환상 소설이다.
- 이 작품은 환상적 사건을 통해 우리가 당연하게 여기는 질서와 규칙이 얼마나 인위적인지 질문하게 만든다.
- 이상한 나라의 기묘한 인물들과 사건은 현실 세계의 부조리와 권위주의를 풍자적으로 드러낸다.

"말장난이야!" 기분이 상한 듯한 왕이 이렇게 말하자 그제야 다들 웃기 시작했습니다.

"배심원(陪審員, 재판에서 판단을 돕는 사람들)들은 평결(評決, 잘잘못을 판단하여 내리는 결정)을 내려라."

"안 돼, 안 돼! 선고(宣告, 죄의 결과를 알림)가 먼저고 평결은 나중이야!" 여왕이 외쳤습니다.

"이건 말도 안 돼요! 선고를 먼저 하는 게 어디 있어요!" 앨리스가 크게 소리쳤습니다.

"입 다물어!" 얼굴이 벌게진 여왕이 말했습니다.

"싫어요!" 앨리스가 대들었습니다.

"저 아이의 목을 쳐라!"

하지만 하트 잭을 옹호하던 중에 앨리스는 하트 왕과 여왕을 자극해 분

노를 사게 되었으며, 이로 인해 트럼프 카드 병정들의 공격을 받았습니다. 겁에 질린 앨리스는 몹시 두려워하다가 문득 잠에서 깨어났습니다. 회중시계를 들여다보며 바삐 걸어가던 하얀 토끼를 따라 땅굴 속으로 들어가 이상한 나라에서 앨리스가 겪은 기이한 모든 일들은 전부 꿈이었습니다.

앨리스의 언니는 훗날 숙녀가 될 동생의 모습을 상상해 보았습니다. 점점 성장해가면서 유년(幼年, 어린 시절) 시절의 순수하고 사랑스러운 마음을 어떻게 지켜 나갈지, 또 아이들에게 신기한 이야기를 들려주며 수많은 눈망울들을 얼마나 빛나게 할지 생각했습니다. 앨리스의 이야기 속에는 어쩌면 앨리스가 겪은 이상한 나라의 꿈 이야기도 들어 있었을지 모르겠습니다. 그리고 자신의 유년 시절과 행복했던 여름날을 회상하며 아이들의 순수한 슬픔에 공감하고 해사한 기쁨 속에서 행복을 느끼는 앨리스의 모습을 조심스레 떠올려 보았습니다.

앨리스는 언니에게 자신의 꿈 이야기를 들려주었으며, 그녀의 언니 역시 앨리스와 같은 꿈을 꾸며 훗날 어른이 될 동생의 모습을 상상했습니다.

한눈에 보는 「이상한 나라의 앨리스」

작가 소개

루이스 캐럴(Lewis Carroll, 1832~1898)은 1832년에 태어난 영국의 작가이자 수학자이다. 본명은 찰스 루트위지 도지슨이며, 옥스퍼드 대학에서 수학을 가르쳤다. 대표작 『이상한 나라의 앨리스』와 『거울 나라의 앨리스』를 통해 기발한 상상력과 언어유희를 선보였다. 그의 작품은 논리와 환상이 어우러진 독특한 세계를 펼쳐 보이며 오늘날까지 사랑받고 있다.

등장인물

- **앨리스** 호기심 많은 소녀로 회중시계를 꺼내 보는 토끼를 따라 굴로 들어가 이상한 나라에서 신기한 체험을 하는 인물이다.
- **토끼** 앨리스를 이상한 나라로 이끄는 엉뚱한 성격을 지닌 인물이다.
- **쐐기벌레** 커다란 버섯 위에 사는 벌레로 앨리스에게 몸을 커지게 하고 작아지게 하는 버섯의 비밀을 알려준다.
- **공작부인** 숲속의 작은 집 주인으로 하트 여왕의 뺨을 때려 사형당할 위기에 처하나 고양이의 도움으로 위기를 모면한다.
- **고양이** 공작부인의 애완동물로 앨리스에게 길을 알려준다.
- **하트의 여왕** 자신의 마음에 들지 않으면 당장 목을 베라고 소리치는 괴팍한 성격의 소유자. 하지만 머리가 나빠서 자신이 한 말을 금세 잊어버리

는 인물이다.

 **핵심 정리**

- **갈래** 성장 동화, 환상 동화
- **성격** 환상적, 교훈적, 풍자적
- **배경** 시간-19세기 영국의 빅토리아 시대/공간-하트 여왕이 다스리는 이상한 나라
- **주제** 호기심 많은 소녀의 신비한 모험을 통한 자아 성찰
- **특징** -작가 특유의 언어유희가 반영됨.
  -무질서와 비상식적인 일들이 끝없이 펼쳐지는 환상 문학.
  -현실 비판과 풍자를 담고 있음.

함께하는 인문학 수업

「이상한 나라의 앨리스」에는 작가 루이스 캐럴이 살았던 빅토리아 시대의 사회·문화적 분위기가 반영되어 있습니다. 겉으로는 환상 동화처럼 보이지만, 그 속에는 현실을 비트는 풍자와 독특한 유머가 담겨 있습니다. 논리와 질서를 뒤흔드는 전개 때문에 다소 난해하다는 평가를 받기도 합니다. 그러나 바로 그 점이 이 작품을 오래도록 사랑받게 만든 힘이기

도 합니다.

이상한 나라는 질서도 상식도, 정답도 없는 세계입니다. 시간은 멈추거나 엉뚱하게 흐르고, 권위는 우스꽝스럽게 표현됩니다. 현실에서는 규칙과 정답이 중요하지만, 이곳에서는 모든 것이 흔들립니다. 이러한 혼란은 오히려 독자에게 해방감을 줍니다. 질서와 기준에 얽매인 일상에서 벗어나 자유롭게 상상할 수 있기 때문입니다. 그래서 어린이뿐 아니라 성인들까지 이 작품에 매력을 느낍니다.

앨리스는 호기심을 따라 하얀 토끼를 쫓아 땅굴로 들어가며 모험을 시작합니다. 몸을 커졌다 작아지게 하는 물약과 과자, 버섯, 끝나지 않는 다과회, "목을 쳐라!"라고 외치는 하트 여왕 등 기묘한 인물들이 등장하고 사건이 이어집니다. 이해하기 어려운 상황 속에서도 앨리스는 끊임없이 생각하고 스스로 판단합니다. 독자들은 그녀를 따라가며 잠시 현실의 지루함에서 벗어나 상상의 세계를 경험하게 됩니다.

또한 작품에는 캐럴 특유의 언어유희(言語遊戱, 말과 글자를 활용한 놀이)가 풍부하게 담겨 있어 읽는 재미를 더합니다. 영어 원문으로 읽으면 그 묘미를 더욱 생생하게 느낄 수 있습니다. 애니메이션 등 다양한 매체로도 제작되어 접근하기 쉽다는 점 역시 이 작품의 매력입니다.

마지막에 제시되는, 어른이 되어서도 어린 날의 순수한 감성을 잊지 않기를 바라는 소망은 이 작품이 전하는 중요한 메시지입니다. 앨리스가 토끼 굴로 뛰어들던 순간처럼, 이 이야기가 독자에게 진정한 '나'를 찾아가는 작은 통로가 되어 주길 바랍니다.

생각하는 힘 기르기

1. 다음 단어를 넣어 문장을 만들어보세요.

① **기지** (機틀 기 智지혜 지) ···▶ 경우에 따라 재치 있게 대응하는 지혜.

2. 「이상한 나라의 앨리스」의 주제에 대해 적어보세요.

3. 이 작품의 특징에 대해 적어보세요.('함께하는 인문학 수업' 내용을 참고하세요.)

4. 내가 만약 앨리스라면 처음 보는 하얀 토끼를 따라 무작정 땅굴 속으로 들어갈 수 있었을까요? 여러분의 생각을 적어보세요.

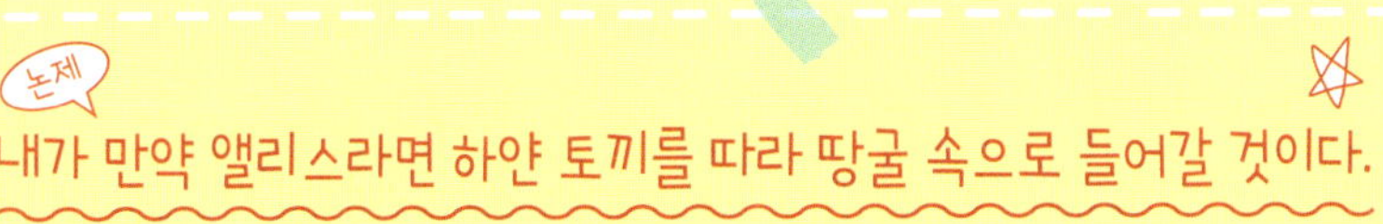

주장 지루하던 참이었고, 사람보다 작은 하얀 토끼가 먼저 들어간 곳이니 사람이 들어가도 위험하진 않을 것이다.

근거

주장 처음 보는 낯선 토끼가 가는 곳을 무작정 따라가는 것은 무모한 짓이다.

근거

눈에 보이지 않는 소중한 것들의 참된 의미

어린 왕자

　비행기 조종사인 '나'는 어느 날 사하라 사막에 불시착(不時着, 갑자기 내려앉음)하게 됩니다. 비행기 엔진이 고장 났기 때문입니다. 사막에는 물과 음식이 거의 없어 아주 위급(危急, 매우 위험한 상태)했습니다.

　그때 금빛 머리카락을 가진 작은 소년이 나타났습니다. 그는 갑자기 말했습니다.

　"양 한 마리를 그려 줘."

　나는 놀랐지만 종이에 양을 그려 주었습니다. 그런데 소년은 마음에 들어 하지 않았습니다. 그래서 나는 상자 하나를 그리고 말했습니다.

　"이 상자 안에 네가 원하는 양이 들어 있어."

　소년은 무척 기뻐했습니다. 눈에 보이지 않아도 상상(想像, 마음속으로 그려 보는 것)할 수 있었기 때문입니다.

　나는 어린 시절을 떠올렸습니다. 코끼리를 삼킨 보아뱀 그림을 어른들에게 보여 주었지만, 어른들은 그것을 모자라고만 생각했습니다. 그러나 이 소년은 한눈에 그것이 무엇인지 알아보았습니다. 나는 그 소년에게 점점 마음이 끌렸습니다.

　그 소년은 어린 왕자였습니다.

　어린 왕자는 B612라는 작은 소행성(小行星, 작은 별)에서 왔다고 했습니다. 그 별에는 화산 세 개와 장미 한 송이가 있었습니다. 어린 왕자는 매일

화산을 청소하고 장미에게 물을 주었습니다. 그것은 사랑과 책임(責任, 맡은 일을 끝까지 하는 마음)이었습니다.

하지만 장미는 허영심(虛榮心, 잘난 척하는 마음)이 있었습니다. 자신이 세상에서 가장 특별하다고 말했습니다. 그리고 바람을 막아 줄 유리덮개를 씌워 달라고 했습니다. 어린 왕자는 장미의 교만(驕慢, 거만한 태도)에 마음이 아팠습니다. 그래서 여행을 떠났습니다. 그런데 떠나는 날, 장미는 진심으로 어린 왕자를 좋아한다고 고백(告白, 마음을 솔직히 말함)했습니다. 어린 왕자는 자신이 장미를 오해했다는 것을 깨달았습니다.

어린 왕자는 여러 별을 여행했습니다.

첫 번째 별에는 왕이 있었습니다. 그는 권위(權威, 높은 힘)를 내세우며 "자기 자신을 심판(審判, 옳고 그름을 가림)하는 것이 가장 어렵다."라고 말했습니다.

두 번째 별에는 칭찬만 받고 싶어 하는 남자가 있었습니다.

세 번째 별에는 술꾼이 있었습니다. 그는 창피함을 잊으려고 술을 마신다고 했습니다.

네 번째 별에는 사업가가 있었습니다. 그는 별을 세며 자기 것이라고 주장했습니다. 하지만 돌보지도 않으면서 소유(所有, 자기 것이라고 가짐)하려고만 했습니다.

다섯 번째 별에는 가로등을 켜는 사람이 있었습니다. 그는 힘들어도 약속을 지키며 일했습니다. 어린 왕자는 그가 좋은 사람이라고 생각했습니다.

여섯 번째 별에는 지리학자(地理學者, 땅을 연구하는 사람)가 있었습니다. 그는 어린 왕자에게 지구로 가 보라고 했습니다.

마침내 어린 왕자는 지구에 도착했습니다. 지구는 황량(荒凉, 쓸쓸하고 거친 모습)했습니다. 어린 왕자는 장미꽃이 가득한 정원을 보고 놀랐습니다. 자기 별의 장미가 세상에 하나뿐인 줄 알았는데, 비슷한 꽃이 아주 많았기 때문입니다. 그는 슬퍼서 울었습니다.

그때 여우를 만났습니다.

어린 왕자가 물었습니다.

수능 1등급용 심화 해설

- 「어린 왕자」는 보이는 가치보다 보이지 않는 관계의 가치를 강조하는 우화적 작품이다.
- 여섯 개의 별 여행은 어른 세계의 왜곡된 가치관을 풍자한다.
- 장미의 특별함은 희귀성이 아니라 관계 속에서 형성된 책임과 시간에 있다.
- 이 작품은 사랑과 책임의 본질을 통해 인간 존재의 의미를 탐구한다.

“‘길들인다’는 게 무슨 뜻이야?”

여우는 말했습니다.

“그건 관계(關係, 서로 이어짐)를 맺는다는 뜻이야. 함께 시간을 보내면 서로에게 특별한 존재가 되는 거야.”

그리고 여우는 이렇게 말했습니다.

“가장 중요한 것은 눈에 보이지 않아. 마음으로 보아야 잘 보인단다.”

어린 왕자는 깨달았습니다. 자신의 장미는 다른 꽃과 비슷해 보여도, 오래 사랑하고 돌보았기 때문에 세상에 하나뿐이라는 것을. 사랑에는 시간과 책임이 따른다는 것도 알게 되었습니다.

사막에 온 지 8일째 되는 날, 나는 어린 왕자와 함께 우물을 찾았습니다. 물을 마신 뒤 어린 왕자는 말했습니다.

“이제 나는 내 별로 돌아가야 해.”

그는 뱀의 도움으로 별로 돌아갔습니다. 겉으로는 죽은 것처럼 보였지만, 사실은 자기 별로 간 것이었습니다.

나는 무척 슬펐습니다. 하지만 어린 왕자가 별에서 웃고 있을 것이라고 믿었습니다.

6년이 지난 지금도 나는 별을 바라봅니다. 혹시 양이 장미를 먹어 버리지는 않았는지 걱정합니다. 어른들은 그런 걱정을 이해하지 못합니다. 하지만 나는 압니다.

가장 중요한 것은 눈에 보이지 않는다는 것을요.

한눈에 보는 「어린 왕자」

작가 소개

앙투안 드 생텍쥐페리(1900~1944)는 프랑스의 작가이자 비행사이다. 그는 항공 우편 조종사로 일하며 사막과 하늘을 오간 경험을 작품에 담았다. 대표작 「어린 왕자」는 순수와 사랑, 책임의 의미를 전하는 세계적 고전이다. 그의 삶과 작품은 인간 존재와 관계의 가치를 깊이 성찰하게 한다.

등장인물

- **어린 왕자** B612 소행성에서 온 순수하고 호기심 많은 소년으로, 다양한 행성을 여행하며 여러 인물들을 만난다.
- **비행사** 사하라 사막에 불시착하여 어린 왕자를 만난 작품 속 '나'로, 어린 왕자와 얽힌 추억을 서술하는 인물.
- **여우** 사막에서 어린 왕자를 만나 서로에게 길들여진다는 것의 의미를 알려주는 인물.
- **장미** 어린 왕자가 살던 행성에 사는 허영심과 교만함이 있는 존재지만, 어린 왕자를 아끼며 서로 소중한 존재임을 깨닫는다.

핵심 정리

- **갈래** 환상 동화, 성장 동화

- **성격** 환상적, 철학적, 교훈적
- **배경** 시간-2차 세계대전 후반/공간-B612 소행성 및 지구의 사하라 사막을 비롯한 다양한 행성
- **주제** 호기심 많고 순수한 어린 왕자가 깨달은 삶의 의미와 가치
- **특징** -의인화된 동식물들(장미, 여우, 뱀 등)을 비롯한 다양한 인간 군상을 대표하는 인물들이 등장함.
  -각 등장인물들은 상징적 의미를 지니며 교훈을 줌.
  -어린이를 비롯한 성인까지 아우르는 철학적 메시지를 담고 있음.

함께하는 인문학 수업

　어린 시절 '나'의 눈에 비친 어른들은 숫자를 좋아하고, 눈에 보이는 것만이 진실이며 가치 있다고 여기는 사람들이었습니다. 「어린 왕자」는 성인이 된 '나'가 유년 시절의 '나'에게 보내는 헌사(獻辭, 축하하거나 찬양하는 뜻으로 바치는 글)로 시작됩니다. 작가는 '어린 왕자'와 '나'의 시선을 통해, 가장 중요한 것은 결코 숫자로 측정될 수 없으며 보이지 않는 정신적 가치임을 역설(力說, 힘주어 말하다)합니다.

　작품 속 어린 왕자는 유년의 '나'이자, 어른이 된 내가 다시 찾고 지켜내고 싶은 순수함의 표상(表象, 추상적인 것을 구체적 형상으로 드러냄)입니다.

생텍쥐페리 또한 어린 왕자처럼 호기심 많고 감성적인 소년의 마음을 간직한 인물이었습니다. 어린 왕자가 만난 인물들은 각기 상징적 의미를 지니며 우리에게 삶의 본질을 묻습니다.

'어른'은 숫자로 세상을 판단하는 존재입니다. 친구를 사귀었다고 하면 그 아이의 생각이나 목소리를 묻기보다 나이와 집값을 먼저 묻습니다. 코끼리를 삼킨 보아뱀 그림을 보고도 단번에 모자라고 말합니다. 허름한 옷차림의 천문학자의 학설은 믿지 않다가, 양복을 입자 그제야 신뢰하는 모습 역시 겉모습에 집착하는 태도를 보여 줍니다.

'장미'는 사랑의 또 다른 모습입니다. 허영심과 교만함으로 어린 왕자를 혼란스럽게 하지만, 떠나는 날 전한 진심은 그 모든 말보다 깊은 울림을 줍니다. 이는 겉이 아니라 마음을 보아야 한다는 가르침입니다.

'왕'은 권력을 지녔지만, 스스로를 심판하는 일이 가장 어렵다고 말합니다. 이는 남을 다스리기보다 자신을 돌아보는 지혜가 중요하다는 뜻입니다. 그리고 '여우'는 작품의 핵심을 전합니다. 길들여진다는 것은 서로에게 유일한 존재가 되는 일이며, 그 과정에는 시간과 책임이 따릅니다. "가장 중요한 것은 눈에 보이지 않는다."라는 여우의 말은 이 작품의 중심 메시지입니다.

결국 이 작품이 향하는 곳은 '사랑'입니다. 순수함을 동경하는 마음도, 서로가 서로에게 길들여지는 일도 사랑 없이는 불가능합니다. 바쁘게 달리면서도 무엇을 찾는지 모르는 어른들과, 오래도록 순수함을 간직하고 싶은 이들에게 이 작품은 따뜻한 위안이 될 것입니다.

생각하는 힘 기르기

1. 다음 단어를 넣어 문장을 만들어보세요.

① 허영심 (虛 빌 허 榮 꽃 영 心 마음 심) ┈▶ 허영에 들뜬 마음.

문장 연습

② 황량 (荒 거칠 황 涼 서늘할 량) ┈▶ 황폐하여 거칠고 쓸쓸하다.

문장 연습

2. 「어린 왕자」의 주제에 대해 적어보세요.

3. 이 작품에서 여우가 말한 '길들여진다는 것'의 의미에 대해 적어보세요.('함께하는 인문학 수업' 내용을 참고하세요.)

4. 이 작품에는 상징적 의미를 담고 있는 여러 인물들(의인화된 장미, 여우, 전제군주 등)이 등장합니다. 각각의 등장인물들은 어떤 교훈을 주고 있는지 적어보세요.('함께하는 인문학 수업' 내용을 참고하세요.)

4. 어린 왕자가 자신의 별을 떠난 이유는 무엇이라고 생각하나요? 장미와의 관계 속에서 그는 무엇을 배우지 못했으며, 무엇을 뒤늦게 깨달았는지 토론해보세요.

사람이 사람답게 살아가기 위해 필요한 것들

사람은 무엇으로 사는가

작품 함께 읽기

　가난한 구두 수선공 세몬은 아내 마트료나, 아이들과 함께 농부의 집에 세 들어 살고 있었습니다. 세몬에게는 집도 땅도 없었습니다. 그는 날마다 구두를 고쳐 받은 품삯으로 겨우 살아갔습니다. 겨울이 되자 양가죽 코트가 너무 낡아 더 이상 입을 수 없게 되었습니다. 그 코트는 부부가 번갈아 입던 하나뿐인 옷이었습니다. 세몬은 새 코트를 사려고 길을 나섰습니다.

　그런데 교회 뒤편에서 벌거벗은 한 남자를 발견했습니다. 그는 교회 벽에 기대앉아 있었고, 온몸이 꽁꽁 얼어 있었습니다. 세몬은 잠시 망설였습니다. 자기 형편도 어려웠기 때문입니다. 하지만 차마 그냥 지나칠 수 없었습니다. 그는 자신의 옷을 벗어 남자에게 입혀 주고 집으로 데려왔습니다.

　마트료나는 화가 났습니다. "우리도 먹을 게 부족한데 왜 낯선 사람을 데려왔어요?" 하고 소리쳤습니다. 그러나 남자의 모습을 보니 마음이 약해졌습니다. 남자는 자신이 하느님의 벌을 받아 벌거벗은 채로 얼어 죽을 뻔했다고 말했습니다. 그리고 세몬이 자신을 살려 주었다며 고맙다고 했습니다. 마트료나는 그 말을 듣고 측은(惻隱, 불쌍히 여기는 마음)한 생각이 들었습니다. 그녀는 빵과 크바스(kvas, 러시아의 맥주)를 내어 주었습니다.

　그 남자의 이름은 미하일이었습니다. 그는 말수가 적었지만 매우 부지런했습니다. 세몬이 일을 가르치자 금방 배웠습니다. 솜씨도 훌륭했습니다. 미하일은 많이 먹지도 않았고, 밖에도 거의 나가지 않았습니다. 다만 가끔 조용히 하늘을 바라볼 뿐이었습니다. 그가 웃는 모습을 보인 것은 집에 처음 왔을 때와, 어느 날 부자 신사를 보았을 때뿐이었습니다.

어느 겨울날, 부자 신사가 값비싼 독일산 가죽을 들고 와 장화를 만들어 달라고 했습니다. 그는 일 년이 지나도 찢어지지 않는 장화를 원했습니다. 만약 약속을 지키지 못하면 감옥에 보내겠다고 으름장을 놓았습니다. 세몬은 겁이 났지만, 미하일이 고개를 끄덕여 일을 맡았습니다.

며칠 뒤, 신사의 하인이 찾아왔습니다. 신사가 집으로 가는 길에 갑자기 마차 안에서 죽었다는 것이었습니다. 일 년을 신을 장화를 주문했지만, 그는 하루도 더 살지 못했습니다. 그 일을 보고 미하일은 미소를 지었습니다.

세월이 흘러 6년이 지났습니다. 어느 날, 잘 차려입은 부인이 두 여자아이를 데리고 찾아왔습니다. 한 아이는 다리를 절고 있었습니다. 그 부인은 아이들의 친엄마가 아니었습니다. 그러나 자기 젖을 먹이며 정성껏 키우고 있었습니다. "내 아이는 먼저 하늘로 갔지만, 이 아이들은 그냥 둘 수 없었어요."라고 말했습니다. 그 모습을 보고 미하일은 또 한 번 웃었습니다.

어느 날, 미하일은 앞치마를 벗고 말했습니다. "주인아저씨, 아주머니, 하느님께서 저를 용서해 주셨습니다. 저도 두 분께 용서를 구합니다." 그 순간 그의 몸에서 후광(後光, 뒤에서 비치는 빛)이 비쳤습니다. 세몬과 마트료나는 깜짝 놀랐습니다.

미하일은 사실 하늘에서 내려온 천사였습니다. 그는 하느님의 말씀을 어겨 벌을 받고 사람 세상에 내려왔습니다. 그에게는 세 가지를 깨달아야 하는 과제가 있었습니다. 첫째, 사람의 마음에는 무엇이 있는가. 둘째, 사람에게 주어지지 않은 것은 무엇인가. 셋째, 사람은 무엇으로 사는가.

첫 번째 깨달음은 마트료나가 자신을 불쌍히 여겼을 때였습니다. 사람의 마음에는 사랑이 있다는 것을 알게 되었

습니다. 두 번째는 부자 신사의 죽음을 통해 깨달았습니다. 사람은 자기에게 무엇이 필요한지, 또 언제 죽을지 알 수 없다는 것이었습니다. 마지막으로 두 아이를 키우는 여인을 보고 알게 되었습니다. 사람은 혼자 힘으로 사는 것이 아니라, 서로의 사랑으로 살아간다는 사실이었습니다.

- 「사람은 무엇으로 사는가」는 기독교적 세계관을 바탕으로 하지만, 보편적 인간 윤리로 확장된다.
- 사랑은 감정이 아니라 존재를 유지하게 하는 근원적 힘이다.
- 물질·권력·계산을 넘어서는 초월적 가치가 인간 삶의 본질이다.

세 가지를 모두 깨닫자 하느님의 벌은 풀렸습니다. 미하일은 다시 천사가 되어 하늘로 올라갔습니다. 세몬과 마트료나는 눈물을 흘렸습니다. 가난했지만, 그들이 베푼 작은 사랑이 큰 기적이 되었다는 것을 알게 되었기 때문입니다.

이 이야기는 말해 줍니다. 사람은 돈이나 힘으로 사는 것이 아니라, 사랑으로 살아간다는 것을 말입니다.

한눈에 보는 「사람은 무엇으로 사는가」

작가 소개

레프 니콜라예비치 톨스토이(Lev Nikolayevich Tolstoy, 1828~1910)는 1828년 러시아에서 태어난 세계적인 문호입니다. 귀족 출신이었으나 농민의 삶과 인간의 도덕적 문제에 깊은 관심을 가졌습니다. 대표작으로 『전쟁과 평화』, 『안나 카레니나』, 『사람은 무엇으로 사는가』 등이 있으며, 인간의 양심과 사랑, 신앙을 탐구했습니다. 말년에는 금욕적 삶을 실천하며 사상가로도 큰 영향을 남겼습니다.

등장인물

• **세몬** 가난한 구두수선공으로 길에 쓰러져 있는 미하일의 목숨을 구해준 선량한 인물.

- **마트료나** 세몬의 아내. 가난한 처지임에도 다른 사람을 돕는 남편을 못마땅하게 여기지만, 세몬과 마찬가지로 미하일을 돌봐주는 선량한 인물.
- **미하일** 하느님의 명령을 어긴 죄로 지상으로 내려와 인간의 모습으로 벌을 받는 인물. 세 가지 깨달음을 얻고 다시 천사가 된다.

핵심 정리

- **갈래** 현대 소설, 단편 소설, 우화 소설
- **성격** 우화적, 종교적, 철학적, 교훈적
- **배경** 시간-19세기 말/공간-러시아의 어느 마을
- **주제** 사랑과 연민의 중요성과 그 가치
- **특징** -인류애와 신에 의한 깨달음 등 그리스도교적 사상이 반영됨.
  -인간은 서로 돕고 살아야 한다는 삶의 가치를 일깨워줌.
  -인간의 본성과 삶의 본질을 탐구하는 철학적 가치를 담고 있음.

함께하는 인문학 수업 

레프 니콜라예비치 톨스토이의 단편소설에는 특별한 영웅 대신 평범한 민중이 등장합니다. 그의 작품은 복잡한 사건보다 소박한 이야기 속에서 인간의 본질을 탐구합니다. 톨스토이는 인간에 대한 사랑을 바탕으로 탐

욕과 어리석음에 대한 경계, 신의 뜻에 따르는 삶, 그리고 죽음 앞에서 느끼는 인간의 허망함을 꾸준히 다루었습니다. 이러한 주제는 그가 평생 붙들고 고민했던 삶의 과업이기도 합니다.

그중에서도 「사람은 무엇으로 사는가」는 오랫동안 많은 독자들의 사랑을 받아 온 작품입니다. 이 작품은 하느님의 뜻을 거역한 죄로 인간 세상에 내려온 천사 미하일이 구두수선공 세몬의 도움을 받아 그의 집에서 살며 세 가지 진리를 깨닫는 이야기입니다. 미하일에게 주어진 과제는 '사람의 마음에는 무엇이 있는가', '사람에게 주어지지 않은 것은 무엇인가', '사람은 무엇으로 사는가'라는 질문의 답을 찾는 것이었습니다.

미하일은 세몬과 그의 아내 마트료나가 보여 준 따뜻한 연민과 환대를 통해 사람의 마음에는 사랑이 있다는 사실을 깨닫습니다. 또 값비싼 가죽을 가져와 일 년을 신을 장화를 주문했던 부자 신사가 갑작스럽게 죽는 모습을 보며, 인간에게는 자기에게 무엇이 진정 필요한지 아는 능력이 주어지지 않았음을 알게 됩니다. 마지막으로 친자식이 아닌 두 쌍둥이를 정성껏 키우는 여인을 통해 사람은 이웃의 사랑으로 살아간다는 진리를 깨닫습니다.

세 가지 가르침을 모두 깨달은 미하일은 다시 천사가 되어 하늘로 돌아갑니다. 톨스토이는 이 작품을 통해 인간이 신의 뜻에 따라 사랑을 실천할 때 비로소 참된 구원에 이를 수 있다고 말합니다. 결국 사람을 살게 하는 힘은 재물이나 권력이 아니라, 누구나 알고 있지만 실천하기 어려운 불변의 진리, 곧 사랑임을 이 작품은 조용히 일깨워 줍니다.

생각하는 힘 기르기

1. 다음 단어를 넣어 문장을 만들어보세요.

✻ 후광 (後나중 후 光빛날 광) ⋯▸ 기독교 예술에서, 성화 가운데 인물을 감싸는 금빛. 어떤 사물을 더욱 빛나게 하거나 더 두드러지게 하는 배경적인 힘을 비유적으로 이르는 말.

문장 연습

2. 「사람은 무엇으로 사는가」의 주제에 대해 적어보세요.

3. 이 작품에서 미하일에게 주어진 세 가지 과제와 깨달음에 대해 적어보세요.('함께하는 인문학 수업' 내용을 참고하세요.)

4. 내가 만약 세몬이라면 길모퉁이에 쓰러져 있는 낯선 사람을 선뜻 도와줄 수 있었을까요? 여러분의 생각을 적어보세요.('함께하는 인문학 수업' 내용을 참고하세요.)

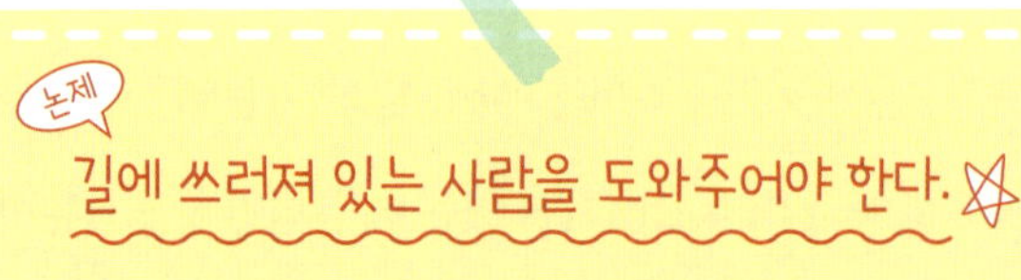

주장 사람의 생명은 소중하기에 무조건 도와주어야 한다.

근거

주장 낯선 사람을 함부로 도와주는 것은 위험할 수 있다.

근거

순수함과 선량함이 지닌 위대한 힘

바보 이반

작품 함께 읽기

옛날 어느 나라에 부유한 농부가 살고 있었습니다. 그는 아들 셋과 딸 하나를 두고 있었습니다. 첫째는 군인 세몬이었고, 둘째는 배가 불뚝 나온 타라스였습니다. 셋째는 사람들에게 '바보'라고 불리는 이반이었습니다. 딸 말라냐는 태어날 때부터 말을 하지 못하고 듣지도 못했습니다.

세몬은 전쟁터로 나가 임금님께 충성을 다했고, 타라스는 장사를 배우러 떠났습니다. 집에는 이반과 누이만 남아 농사를 지으며 열심히 일했습니다. 사람들은 이반을 바보라고 불렀지만, 그는 묵묵히 자기 일을 했습니다.

시간이 흐르자 세몬은 높은 자리에 오르고 많은 땅을 가지게 되었습니다. 귀족의 딸과 결혼도 했습니다. 하지만 아내가 사치를 부려 돈이 늘 부족했습니다. 타라스도 장사를 하며 돈을 벌었지만, 더 많은 재산을 원했습니다. 결국 두 형은 아버지의 재산을 받기 위해 아버지를 찾아왔습니다. 그러자 아버지는 이반이 불평을 할 것이라며 이반에게 물어보자고 했습니다. 이반은 조금도 아까워하지 않고 형들에게 재산을 나누어 주자고 했습니다.

이 모습을 지켜보던 세 악마는 형제 사이를 갈라놓으려 했습니다. 두목 악마는 작은 악마 셋을 불러 싸움을 붙이라고 명령했습니다.

첫째 악마는 이반이 밭을 갈지 못하게 배탈이 나게 했습니다. 하지만 이

반은 고통을 참고 일을 마쳤습니다. 악마를
붙잡은 이반은 살려 달라는 부탁을 듣고,
대신 배 아픈 것을 고쳐 달라고 했습니다.
악마는 약초를 주고 도망쳤습니다.

둘째 악마는 밭을 망치고 낫을 붙들며 방
해했습니다. 그러나 이반은 끝까지 밭을 갈
고 호밀을 거두었습니다. 악마는 불을 지르
려다 들켰고, 살려 달라며 대신 짚단으로
군인을 만드는 방법을 알려주었습니다.

셋째 악마는 나무를 베지 못하게 했지만
결국 붙잡혔습니다. 이반은 또 살려 주었
고, 악마는 나뭇잎을 비비면 금화가 되는
방법을 알려주었습니다.

이반은 그 방법으로 병든 공주를 고쳐 왕
이 되었습니다. 그는 군사와 금화를 만들어 형들에게도 나누어 주었습니
다. 형들도 왕이 되었습니다.

화가 난 두목 악마는 직접 나섰습니다. 그는 장군으로 변해 세몬을 망하
게 하고, 상인이 되어 타라스를 파멸시켰습니다. 그리고 이반의 나라까지
망치려 했습니다. 그러나 이반의 나라 사람들은 모두 순수하고 부지런했
습니다. 악마의 꾐(남을 속이는 꾀)에 넘어가지 않았습니다.

이반의 나라에는 이상한 법이 하나 있었습니다. 손에 굳은살이 있는 사

람만 식탁에 앉아 밥을 먹을 수 있었던 것입니다. 굳은살이 없으면 먹다 남은 음식을 먹어야 했습니다. 이는 부양(扶養, 먹여 살림)만 받으려는 사람을 막기 위한 규칙이었습니다.

어느 날 악마가 이반의 집에 와 밥을 먹으려 했습니다. 그러나 그의 손은 부드럽고 깨끗했습니다. 굳은살이 없었습니다. 그래서 식탁에 앉지 못했습니다. 악마는 몹시 화가 나 "머리로 일하는 게 더 중요하다"라고 말했습니다. 그는 탑 위에 올라가 머리로 일하는 모습을 보여주겠다며 서 있었습니다. 하지만 점점 기운이 빠져 기둥에 머리를 부딪치고 말았습니다. 결국 계단을 굴러 떨어지며 땅속으로 사라졌습니다.

이반은 여전히 나라를 다스렸습니다. 그의 나라에는 세금도 없고 욕심도 없었습니다. 일한 만큼 먹고, 서로 돕고 살았습니다. 손에 굳은살이 있다는 것은 열심히 일했다는 증거였습니다.

사람들은 이반을 바보라고 불렀지만, 사실 그는 욕심이 없고 마음이 맑은 사람이었습니다. 이 이야기는 말해 줍니다. 머리만 쓰며 욕심을 부리는 것보다, 손과 마음을 써서 성실하게 사는 것이 더 중요하다는 것을 말입니다.

- 이 작품은 '바보'라는 명칭을 통해 기존 가치 체계를 전복하고, 권력과 자본 중심 사회에 대한 윤리적 비판을 제시한다.
- 이반은 무욕의 삶을 통해 지배 구조로부터 자유로운 인간상을 형상화한다.
- 이 작품은 노동과 공동체 중심의 이상 사회를 제시함으로써 근대 문명의 폭력성을 풍자한다.

한눈에 보는 「바보 이반」

작가 소개

레프 니콜라예비치 톨스토이(Lev Nikolayevich Tolstoy, 1828~1910, 「사람은 무엇으로 사는가」 참고.)

등장인물

- **이반**　작품의 주인공이자 막내아들. 세상 물정에 어둡고 순진해서 바보라 불리지만, 성실하게 일하는 욕심 없는 인물로 육체노동을 중요시한다.
- **세몬**　첫째 아들로 군인이 되어 부와 명예, 권력을 추구하는 인물.
- **타라스**　둘째 아들로 상인이 되어 재산을 축적하는 탐욕스러운 인물.
- **늙은 악마와 부하 악마들**　세 형제의 우애를 갈라놓기 위해 그들을 유혹하며 타락시키려 한다. 이반의 두 형에게는 악마들의 술수가 통하나 이반에게는 통하지 않는다.
- **말라냐**　자신의 일을 묵묵히 해내며 이반을 도와주는 벙어리 누이. 성실한 인물로 노동의 신성함을 상징한다.

핵심 정리

- **갈래**　현대 소설, 단편 소설, 우화 소설
- **성격**　우화적, 철학적, 교훈적

- **배경** 시간-19세기 말/공간-러시아의 어느 마을
- **주제** 정직한 노동과 사랑의 중요성
- **특징** -세속적 가치만을 추구하는 물질 만능주의 비판.

  -노동의 신성함 강조.

  -함께 나누는 삶, 진정한 사랑과 행복의 가치를 일깨워줌.

함께하는 인문학 수업 

이 작품 「바보 이반」을 비롯한 「사람은 무엇으로 사는가」 등 톨스토이의 단편들은 저마다 다양한 색깔을 지니고 있지만, 그 모든 작품들이 지향하고 있는 하나의 주제는 결국 '인간에 대한 사랑'입니다. 그의 단편에는 '인간에게 반드시 필요한 덕목'과 '어떻게 살아가야 하는가'에 대한 답이 제시되어 있습니다. 이렇듯 톨스토이가 평생 고민하고 연구하면서 일생의 과제로 삼았던 신과 인간, 죽음, 그리고 사랑이라는 주제는 그의 작품 곳곳에 담겨 있습니다.

이 작품에서 악마는 세 형제의 우애를 갈라놓기 위해 계략을 꾸밉니다. 하지만 악마의 술수는 탐욕스러운 이반의 두 형에게는 통했지만, 착하고 성실한 이반을 무너뜨릴 수 없었습니다. 우리는 이를 통해 '악은 결코 선을 이기지 못한다'는 진리를 되새겨볼 수 있습니다. 그리고 진정한 바보

는 이반이 아닌, 일하지 않고 먹기만 하려는 무위도식(無爲徒食)하는 자들이며, 악마의 술수에 넘어간 어리석은 두 형들이라는 것을 깨닫게 됩니다. 또한 손에 굳은살이 없는 사람에게는 남은 음식을 주는 이반의 누이의 모습과, 마찬가지로 손에 굳은살이 없는 사람들에겐 먹다 남은 밥을 주는 이반의 나라에서의 관습에서 알 수 있듯이 이 작품은 '노동의 신성함과 중요성'을 일깨워주고 있습니다.

톨스토이의 단편들은 그동안 삽화를 수록함으로써 주로 어린이와 청소년들을 대상으로 한 책으로 출간되었지만, 현재 다양한 모습으로 새롭게 출간되고 있어 성인 독자들의 마음까지 사로잡고 있습니다. 이것은 아마도 톨스토이의 작품들이 시간이 흘러도 변하지 않는, 세대를 아우르는 가치를 담고 있기 때문일 것입니다.

단순하고 간결한 이야기로 구성되어 있어 마치 어린 시절에 듣던 옛날이야기 같은 톨스토이의 단편들은 그의 장편소설『전쟁과 평화』,『안나 카레니나』등과 같은 거대한 작품 목록을 보며 부담을 느꼈던 독자들에게 보다 쉽고 편안하게 그의 작품 세계로 접근할 수 있는 길을 열어 주고 있습니다. 그동안 방대한 분량 때문에 톨스토이의 작품에 접근하기 어려웠던 독자들은 톨스토이의 단편을 시작으로 그가 펼쳐 놓은 다양하고 심오한 세계로의 첫걸음을 내딛기를 바랍니다.

생각하는 힘 기르기

1. 다음 단어를 넣어 문장을 만들어보세요.

＊부양 (扶도울 부 養기를 양) ⋯▶ 생활 능력이 없는 사람의 생활을 돌봄.

문장 연습

2. 「바보 이반」의 주제에 대해 적어보세요.

3. 이 작품에서 이반의 나라에서는 손에 굳은살이 없는 사람에게는 먹다 남은 음식을 주는 관습이 있습니다. 이 관습은 어떤 의미를 지니는지 적어보세요.('함께하는 인문학 수업' 내용을 참고하세요.)

4. 만약 여러분이 바보 이반이라면 악마에게서 얻은 것들(군인, 금화 등)을 절제하며 사용하다가 결국 포기할 수 있었을까요? 여러분의 생각을 적어보세요.

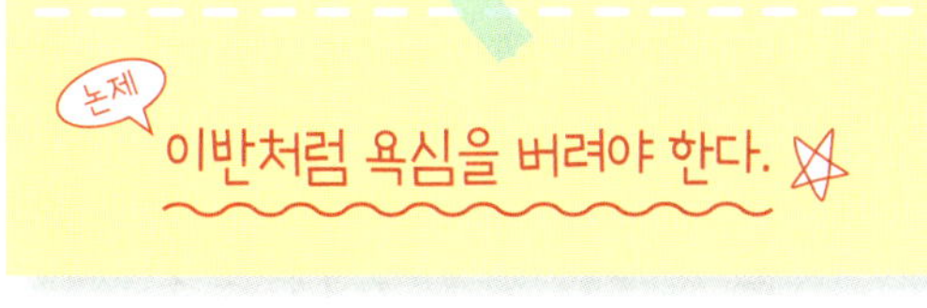

주장 지나친 욕심은 결국 화를 불러온다.

근거

반대

주장 자신에게 주어진 기회를 활용할 줄 아는 것도 능력이다.

근거

인간의 욕망과 한계로 인한 비극

리어 왕

작품 함께 읽기

　영국에 나이가 많은 리어 왕이 있었습니다. 그는 세 딸, 거너릴과 리건, 그리고 막내 코딜리어를 두고 있었습니다. 나이가 든 리어 왕은 나라를 더 이상 다스리기 어렵다고 생각했습니다. 그래서 자신의 권한을 사위들에게 맡기고 나라를 딸들에게 나누어 주기로 했습니다.

　리어 왕은 딸들에게 물었습니다.

　"너희는 나를 얼마나 사랑하느냐?"

　사랑을 크게 말하는 딸에게 더 많은 땅을 주겠다고 한 것입니다.

　첫째 거너릴과 둘째 리건은 화려한 말로 아버지를 기쁘게 했습니다. 세상 누구보다 사랑한다고 말하며 듣기 좋은 말을 늘어놓았습니다.

　하지만 막내 코딜리어는 조용히 말했습니다.

　"저는 자식으로서 아버지를 사랑합니다. 그 이상도, 그 이하도 아닙니다."

　리어 왕은 크게 화를 냈습니다. 화려한 말을 듣고 싶었는데 솔직한 대답만 들었기 때문입니다. 그는 코딜리어가 오만(傲慢, 건방짐)하다고 여기고, 재산을 한 푼도 주지 않은 채 나라에서 쫓아냈습니다.

　코딜리어는 아무것도 가진 것이 없었지만, 그녀의 진가(眞價, 참된 가치)를 알아본 프랑스 왕과 결혼하여 프랑스로 떠났습니다.

　리어 왕은 모든 재산을 거너릴과 리건에게 주고 두 딸의 집을 오가며

지냈습니다. 그러나 두 딸은 점점 아버지를 귀찮아했습니다. 결국 서로 아버지를 떠넘기려 했습니다.

폭풍우가 몰아치는 어느 밤, 리어 왕은 궁을 뛰쳐나왔습니다. 비와 바람 속에서 그는 하늘을 향해 외쳤습니다. 자신을 버린 딸들을 떠올리며 세상을 원망했습니다. 그는 은혜를 잊은 자식을 배은망덕(背恩忘德, 은혜를 잊음)하다고 부르며 괴로워했습니다. 점점 정신도 흐려졌습니다.

그 곁에는 충신 켄트가 있었습니다. 켄트는 코딜리어를 감싸다가 나라에서 쫓겨났지만, 변장을 하고 돌아와 리어 왕을 지켜줬습니다. 리어 왕은 그가 켄트인 줄 모른 채 의지했습니다.

한편 거너릴과 리건은 글로스터 백작의 서자(庶子, 둘째 부인이나 첩에게서 태어난 아들) 에드먼드를 두고 다투게 됩니다. 서로 질투하다가 결국 큰 비극을 맞게 됩니다.

글로스터 백작은 리어 왕을 도왔다는 이유로 두 눈을 뽑히는 벌을 받았

- 「리어 왕」은 권력자의 판단 오류가 인간 존재의 본질을 드러내는 비극으로 전개되는 작품이다.
- 이 작품은 언어와 진실의 괴리를 통해 정치적 아첨 구조를 비판한다.
- 코딜리어의 죽음은 정의가 자동적으로 실현되지 않는 비극적 세계관을 보여 준다.

습니다. 그러나 그의 아들 에드거는 다른 사람인 척하며 아버지 곁을 지켰습니다. 두 눈을 잃고 나서야 글로스터는 진실을 깨닫습니다.

　시간이 흐른 뒤, 리어 왕은 코딜리어와 켄트의 진심을 알게 되었습니다. 그는 자신의 아집(我執, 자기 생각만 옳다고 믿는 마음)을 후회했습니다.

　코딜리어는 아버지를 돕기 위해 프랑스 군대를 이끌고 영국으로 왔습니다. 그러나 전쟁에서 패하고, 리어 왕과 함께 붙잡힙니다. 결국 코딜리어는 목숨을 잃습니다.

　딸의 죽음을 본 리어 왕은 큰 슬픔 속에서 숨을 거둡니다.

　그 뒤 알바니 공작이 왕위를 이어받습니다.

한눈에 보는 「리어 왕」

작가 소개

윌리엄 셰익스피어(William Shakespeare, 1564~1616)는 1564년 잉글랜드 스트랫퍼드어폰에이번에서 태어나 런던에서 극작가·배우로 활동했다. 역사극과 희극, 로맨스극을 거쳐 「햄릿」·「오셀로」·「리어왕」·「맥베스」 등 4대 비극을 남겼으며, 총 37편의 작품을 발표하고 1616년 세상을 떠났다.

등장인물

· **리어 왕**　영국 왕으로 자신을 향한 세 딸의 사랑을 시험한다. 자신을 진정

으로 사랑하는 막내딸과 충신을 내치는 어리석은 실수를 저지르고 뒤늦게 후회하는 인물이다.

- **거너릴, 리건** 리어 왕의 첫째, 둘째 딸로 아버지 리어 왕의 비위를 맞추며 이득을 취하는 인물이다. 자신을 찾아온 아버지를 서로에게 떠맡기려 하는 못된 심성을 지녔으며 한 남자를 두고 경쟁을 하다 결국 비극을 맞이한다.

- **코딜리어** 아버지 리어 왕을 진정으로 사랑하는 리어 왕의 막내딸로, 아버지의 오해로 무일푼으로 쫓겨나는 인물. 후에 프랑스 왕과 결혼해 위기에 처한 아버지를 도우려다 프랑스 군이 패배해 비극을 맞이한다.

- **켄트 백작** 리어 왕의 충신이나 리어 왕의 오해로 내쳐지는 인물. 후에 다시 돌아와 위기에 처한 리어 왕을 돕는다.

핵심 정리

- **갈래** 희곡

- **성격** 교훈적, 비극적, 비판적, 풍자적

- **배경** 시간-17세기 초 엘리자베스 시대/공간-영국, 프랑스

- **주제** 인간의 욕망과 한계로 인한 파멸

- **특징** -셰익스피어의 4대 비극 중 가장 통렬한 비극.

  -리어왕의 독백에서 운문적 요소가 드러남.

  -17세기 초 엘리자베스 시대의 다양하고 혼란스러운 사회적 배경 반영됨.

함께하는 인문학 수업

　셰익스피어의 수많은 작품들 중에서 특히 4대 비극(「햄릿 Hamlet」, 「오셀로 Othello」, 「리어 왕 King Lear」, 「맥베스 Macbeth」)이 주목받는 이유는 무엇일까요? 그것은 바로 4대 비극이 인간의 본성을 다루었기 때문입니다. 셰익스피어의 4대 비극은 작품의 완성도와 더불어 인간에 대한 깊이 있는 이해와 성찰을 보여주며, 인간이기에 그러할 수밖에 없는, 탐욕과 어리석음으로 후회하는 인간의 한계를 다루고 있습니다. 이 작품 「리어 왕」은 인간의 내면을 심도 있게 고찰하며 배신과 증오, 욕망과 질투, 진정한 사랑과 그 마음을 알아보지 못하는 인간의 어리석음에서 비롯된 오해와 갈등, 파멸을 다루고 있습니다. 어떠한 희망도, 미래도 약속하지 않은 채 결국 주요 인물들의 죽음으로 마무리되는 이 작품은 셰익스피어의 4대 비극 중 가장 강렬하고 통렬한 비극이라 불릴 만큼 처절합니다.

　「리어 왕」은 크게 '리어 왕의 이야기'와 '글로스터 백작의 이야기'로 나눌 수 있습니다. '리어 왕'은 감언이설(甘言利說, 남의 비위에 맞도록 꾸민 달콤한 말과 이로운 조건을 내세워 꾀는 말)에 속아, 자신을 진정으로 사랑하는 막내딸의 진심을 오해하는 어리석음 때문에 비참한 최후를 맞이합니다. 리어 왕의 신하 '글로스터 백작' 역시 권력과 재산에 눈이 먼 서자 에드먼드의 말에 속아 무고한 아들 에드거를 패륜아로 의심하고 그를 죽이려 합니다. 그 후 글로스터 백작은 리어 왕을 도와준 죄로 두 눈을 뽑히게 되고, 에드거는 다른 사람 행세를 하며 아버지 곁에 머물며 그를 보살핍니다. 두 눈을 잃고 나서야 진실을 깨닫게 된 글로스터는 에드거 곁에서 숨을 거둡니다.

앞서 언급했듯, 셰익스피어의 4대 비극은 인간의 본성을 다룬 작품입니다. 작품 속 인물들은 우리와 동떨어진 낯선 세계의 인물들이 아닌, 오늘을 살아가는 우리의 모습과 너무도 닮아 있습니다. 그러므로 독자들은 이 작품을 읽으며, 악행을 저지르는 인물들을 비난하다가도 공감하게 되는 것입니다.

희극이 독자들에게 유쾌한 재미를 선사한다면, 비극은 불편한 진실을 파헤치며 깨달음을 전해줍니다. 유쾌함만이 즐거움은 아닙니다. 불편함 속에서도 무언가를 얻을 수 있다면, 그리하여 성찰할 수 있다면 그 역시 또 다른 즐거움이 될 것입니다.

셰익스피어의 작품은 문학사적인 측면뿐만 아니라 연극, 미술, 음악, 영화 등 다양한 장르의 예술 분야에도 큰 기여를 하였습니다. 그의 작품은 수세기가 지난 오늘날까지도 재출간되고 무대, 스크린 등에서 재연되면서 좀 더 새로운 모습으로 수많은 사람들과 여전히 호흡하고 있습니다. 셰익스피어의 아름다운 언어와 예리한 통찰력이 빚어낸 이 작품 「리어왕」이 부디 독자들에게 불편한 즐거움을 선사해주기를, 아울러 독자들이 그 즐거움을 기꺼이 누릴 수 있기를 바랍니다.

생각하는 힘 기르기

1. 다음 단어를 넣어 문장을 만들어보세요.

* **배은망덕** (背배반할 배 恩은혜 은 忘잊을 망 德덕 덕) ···▶ 남에게 입은 은덕을 저버리고 배

신하는 태도가 있음.

문장 연습

2. 「리어 왕」의 주제에 대해 적어보세요.

3. 「햄릿」을 비롯한 「리어 왕」은 셰익스피어의 4대 비극에 속하는 작품입니다.
4대 비극이 오랜 세월 독자들에게 사랑받는 이유는 무엇일까요?('함께하는 인문학

수업' 내용을 참고하세요.)

4. 만약 여러분이 리어왕의 막내딸 코딜리어 혹은 글로스터 백작의 아들 에드거라면, 자신을 미워해 내치고 죽이려 한 아버지를 이해하고 용서하며 보살필 수 있었을까요? 여러분의 생각을 적어보세요.

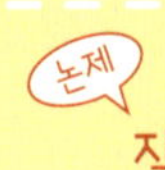

주장 자식은 부모를 끝까지 모셔야 할 의무가 있다.

근거

주장 아무리 부모라 해도 자식을 믿지 않고 심지어 죽이려 한 부모를 섬길 필요는 없다.

근거

인간의 부패한 권력을 향한 동물들의 외침

◀◀◀ ------------------------------------ ▶▶▶

동물농장

매너 농장의 주인 존스는 동물들을 심하게 부려 먹었습니다. 먹이는 적게 주고, 일은 많이 시켰습니다. 힘이 약해지면 쫓겨나거나 죽임을 당하기도 했습니다.

어느 날 밤, 늙은 돼지 메이저 영감이 동물들을 헛간에 모았습니다.

"동무들, 우리는 왜 이렇게 힘들게 살아야 할까요? 우리가 만든 것은 거의 다 인간이 가져갑니다. 모든 문제의 근원(根源, 일이 시작되는 뿌리)은 인간입니다. 인간을 몰아내면 우리는 자유로워질 수 있습니다."

동물들은 그의 말에 감화(感化, 마음이 움직여 깨달음)되었습니다. 자신들의 불행한 삶의 원흉(元兇, 나쁜 일의 원인)이 인간이라는 사실을 깨닫고 반란(叛亂, 힘을 모아 맞서 싸움)을 준비했습니다.

얼마 뒤, 굶주림을 참지 못한 동물들은 창고를 열어 먹이를 먹었고, 화가 난 존스가 달려오자 힘을 합쳐 그를 몰아냈습니다. 농장은 이제 동물들의 것이 되었습니다.

그들은 벽에 일곱 계명(誡命, 꼭 지켜야 할 약속)을 적었습니다.

그중 가장 중요한 것은 이것이었습니다.

"모든 동물은 평등하다."

처음에는 모두가 기뻤습니다. 들판을 뛰며 〈영국의 동물들〉이라는 노래를 함께 불렀습니다. 동물들만의 세상이 열린 것 같았습니다.

그러나 돼지들 사이에서 다툼이 일어났습니다. 스노볼과 나폴레옹이 풍차를 세우는 문제 때문에 싸웠던 것입니다. 어느 날, 나폴레옹은 사나운 개들을 풀어 스노볼을 쫓아냈습니다. 그리고 혼자 권력을 잡았습니다. 농장에는 주종(主從, 주인과 따르는 관계)이 생겼습니다.

노래는 금지되었고, 동물들은 나폴레옹의 명령에 따라야 했습니다. 돼지들은 예전에 타도(打倒, 쓰러뜨림)의 대상이었던 인간들과 거래를 시작했습니다.

일곱 계명도 조금씩 바뀌었습니다.

"어떤 동물도 침대에서 자면 안 된다."

→"어떤 동물도 시트를 깐 침대에서 자면 안 된다."

"어떤 동물도 술을 마시면 안 된다."

→"어떤 동물도 술을 너무 많이 마시면 안 된다."

동물들은 이상하다고 느꼈지만 두려워서 말하지 못했습니다. 반대하는 동물은 바로 처형되었기 때문입니다.

어느 날, 클로버가 벽을 바라보며 말했습니다.

"벤저민, 글이 달라진 것 같지 않니?"

- 「동물농장」은 혁명의 이상이 권력 집중과 선전·공포·기억 통제를 통해 독재로 변질되는 과정을 우화적으로 드러낸 정치 풍자 소설이다.
- 이 작품은 폭력보다 앞선 단계로서 언어 조작과 기록 변조를 통해 현실 인식 자체를 재구성하는 권력의 작동 방식을 드러낸다.

벤저민이 읽어 보니, 이제는 일곱 계명이 사라지고 한 문장만 남아 있었습니다.

"모든 동물은 평등하다. 그러나 어떤 동물들은 다른 동물들보다 더 평등하다."

돼지들은 다른 동물들 위에 군림(君臨, 높은 자리에서 다스림)했습니다. 동물들은 더 많은 일을 했지만 먹을 것은 줄어들었습니다. 착취(搾取, 힘으로 빼앗음)는 점점 심해졌습니다.

마지막 날 밤, 돼지들과 인간들이 한자리에 모여 술을 마시며 카드 놀이를 했습니다. 밖에서 지켜보던 동물들은 창문 너머로 그들을 바라보았습니다.

돼지를 보다가 인간을 보고, 인간을 보다가 돼지를 보았습니다.

하지만 누가 돼지이고 누가 인간인지 더 이상 구별(區別, 서로 다름을 나눔)할 수 없었습니다.

한눈에 보는 「동물농장」

작가 소개

조지 오웰(George Orwell, 1903~1950)은 인도 벵골에서 태어나 이튼 학교를 졸업했다. 버마에서 경찰로 근무한 경험을 바탕으로 『버마의 나날』을 썼고, 빈곤 체험을 담은 『파리와 런던의 밑바닥 인생』을 발표했다. 에스파냐 내전 참전 뒤 『카탈로니아 찬가』를 출간했으며, 『동물농장』과 『1984』로 전체주의를 비판했다. 1950년 폐결핵으로 세상을 떠났다.

등장인물

- **메이저 영감** 인간의 착취를 고발하고 동물의 나라를 건설하자는 혁명을 선동한 늙은 돼지. 마르크스 혹은 레닌을 상징.
- **나폴레옹** 혁명을 주도하는 돼지로 독재자 스탈린을 상징.
- **스노볼** 이상을 좇는 개혁가로 나폴레옹의 독재로 인해 쫓겨남. 트로츠키를 상징.
- **복서** 착하고 순종적인 말로, 독재자 나폴레옹을 맹목적으로 따르다가 도살장으로 끌려감. 성실한 노동자 계층을 상징.
- **벤자민** 나이가 많은 당나귀로 모든 상황을 꿰뚫고 있으면서도 침묵하고 방관하는 지식인을 상징.

핵심 정리

- **갈래** 우화 소설(寓話小說, 동식물이나 기타 사물을 의인화하여 쓴 소설)
- **성격** 우화적, 교훈적, 비판적, 풍자적
- **배경** 시간-1917년 러시아 혁명, 초기 소련/공간-영국 매너농장, 동물농장
- **주제** 독재로 인한 부패된 권력과 타락한 혁명
- **특징** -동물들을 의인화하여 당시 시대적, 사회적 상황을 반영함.

-러시아 혁명 이후 스탈린의 독재 체제를 비판, 풍자.

-부패하고 부조리한 인간 사회의 모습을 묘사하며 다양한 주제를
　내포함.

함께하는 인문학 수업 

　이 작품 「동물농장」은 '모두가 함께 자유와 행복을 누리기 위해서는 어떻게 해야 하는가'라는 질문을 던집니다. 작품을 깊이 이해하려면 당시의 시대와 사회적 배경을 함께 살펴볼 필요가 있습니다.

　이 책이 출간된 1945년은 제2차 세계대전이 막 끝난 시기였습니다. 그보다 앞서 러시아에서는 혁명이 일어났습니다. 당시 러시아 사회는 민중의 생존권이 유린(蹂躪, 권리나 인격을 짓밟음)되고 정치가 부패한 혼란한 상태였습니다. 이를 바로잡기 위해 일어난 러시아 혁명은 새로운 사회를 꿈꾸었지만, 이후 스탈린이 권력을 잡으면서 상황은 달라졌습니다. 그는 무소불위(無所不爲, 하지 못하는 일이 없음)의 권력을 휘두르며 민중을 더욱 핍박(逼迫, 몹시 괴롭힘)했습니다. 특히 스탈린 시대에는 대숙청(大肅淸, 정치적 반대자를 대대적으로 제거함)이 벌어져 많은 사람들이 희생되었습니다.

　오웰은 이러한 현실을 우화 형식으로 그려 냈습니다. 작품 속 인물들은 실제 역사와 연결됩니다. 농장주 존스는 러시아 황제 니콜라스 2세를, 메이저는 마르크스를, 스노볼은 트로츠키를, 나폴레옹은 스탈린을 상징합

니다. 돼지들은 볼셰비키 세력을, 복서는 힘없는 민중을 나타냅니다. 동물들의 반란은 러시아 혁명에, 동물 학살은 스탈린 시대의 숙청에 빗대어 볼 수 있습니다.

이 작품은 출간 직후 영국과 미국에서 큰 반향(反響, 세상에 영향을 미치는 반응)을 일으켰습니다. 그러나 출간되기까지는 쉽지 않았습니다. 당시 소련은 전쟁의 동맹국이었기 때문에, 스탈린 체제를 비판한 이 책은 여러 출판사에서 거절당했습니다.

작품의 마지막 장면에서 돼지와 인간이 함께 술을 마시며 카드 놀이를 합니다. 동물들은 창밖에서 그 모습을 바라보며, 누가 돼지이고 누가 인간인지 구별할 수 없게 됩니다. 이는 혁명의 초심을 잃고 스스로 또 다른 지배자가 되어 버린 모습을 상징합니다. 오웰은 특정 인물만이 아니라, 권력을 잡은 모든 독재 체제를 함께 비판하고 있습니다.

이 작품은 분명한 희망이나 절망의 결말을 제시하지 않습니다. 다만 권력이 타락하는 과정을 보여 주며, 그것을 지켜보는 이들의 책임까지 생각하게 만듭니다. 스노볼의 존재, 그리고 끝까지 성실했던 복서와 따뜻한 마음을 지닌 클로버는 완전히 사라지지 않는 가능성을 암시합니다.

「동물농장」은 특정 시대를 넘어, 권력과 자유, 책임에 대해 묻는 보편적인 이야기입니다. 그래서 오늘날에도 여전히 의미를 지니는 작품으로 남아 있습니다.

생각하는 힘 기르기

1. 다음 단어를 넣어 문장을 만들어보세요.

＊**균열** (龜터질 균 裂찢을 열) ···▶ 개인 혹은 집단 간의 어떤 관계나 구조에 틈이 생긴 것이
나 그 틈을 비유적으로 이르는 말.

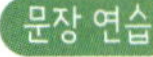 문장 연습

---

2. 「동물농장」의 주제에 대해 적어보세요.

---

3. 작품의 마지막 부분에 제시된 "하지만 누가 돼지이고 누가 인간인지 더 이상
구별할 수 없었습니다."라는 문장이 의미하는 바를 적어보세요.('함께하는 인문학 수
업' 내용을 참고하세요.)

---

4. 만약 여러분이 농장의 지도자라면, 질서를 위해 강하게 통제하는 방식을 선택하겠습니까, 아니면 모두의 의견을 듣고 함께 결정하는 방식을 선택하겠습니까? 여러분의 생각을 이유와 함께 적어보세요.

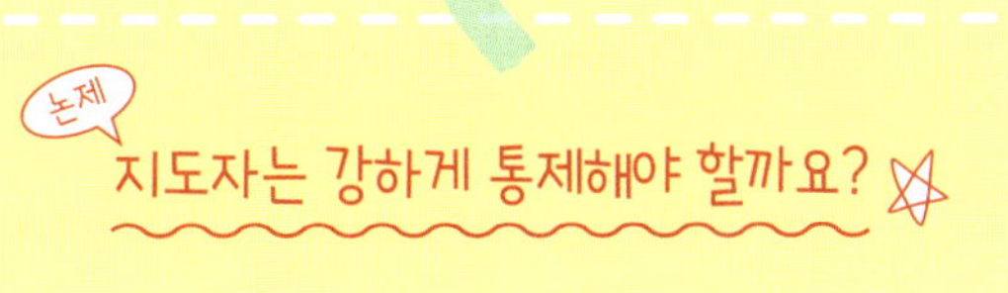

주장 공동체의 질서를 지키기 위해서는 강한 지도력이 필요하다.

근거

주장 강한 통제는 독재로 변질될 위험이 있다.

근거

악동 제제의 슬프고도 아름다운 성장 스토리

나의 라임 오렌지 나무

작품 함께 읽기

　브라질의 가난한 마을에 다섯 살 소년 제제가 살고 있었습니다. 제제는 영특(英特, 똑똑하고 슬기로움)하고 호기심이 많은 아이였습니다. 하지만 장난이 심해서 사람들은 그를 '꼬마 악마'라고 불렀습니다.

　제제의 집은 넉넉하지 않았습니다. 아버지는 직장을 잃은 뒤 무기력(無氣力, 힘이 없고 의욕이 없음)하게 지내셨고, 어머니는 가족을 먹여 살리기 위해 늘 피곤하셨습니다. 형과 누나들은 제제를 잘 이해해 주지 않았고, 자주 혼내거나 때리기도 했습니다. 제제는 가족과 함께 살았지만 마음속으로는 많이 외로웠습니다.

　어느 날 가족은 다른 집으로 이사를 갔습니다. 새 집 마당에는 여러 나무가 있었습니다. 형과 누나들은 크고 좋은 나무를 먼저 골랐습니다. 제제에게는 작고 볼품없는 라임 오렌지 나무 한 그루만 남았습니다. 처음에는 속상했지만, 제제는 그 나무를 바라보다가 마음을 열게 되었습니다. 그리고 그 나무에게 '밍기뉴'라는 이름을 붙여 주었습니다.

　제제는 밍기뉴에게 자신의 비밀 이야기를 털어놓았습니다. 아무도 들어 주지 않던 마음속 말을 나무에게 말했습니다. 밍기뉴는 제제의 외로움과 고통을 함께 나누는 소중한 친구가 되었습니다.

제제는 또 에드문두 아저씨와도 가까워졌습니다. 사람들은 그를 조금 이상하다고 생각했지만, 제제는 아저씨와 깊은 이야기를 나누며 교감(交感, 서로 마음이 통함)을 했습니다. 어느 날 제제는 자기 마음속에 작은 새가 있는 것 같다고 말했습니다. 아저씨는 그것이 생각이 자라고 있다는 뜻이라고 알려 주었습니다. 마음속에서 스스로 생각하고 느끼는 힘이 생겼다는 말이었습니다.

그러던 어느 날, 제제는 장난을 치다가 무섭기로 소문난 포르투갈인 마누엘 발라다리스 아저씨에게 혼이 났습니다. 하지만 그 아저씨는 제제의 다친 발을 치료해 주고, 맛있는 음식도 사 주었습니다. 제제는 그 따뜻함에 크게 감동했습니다.

제제는 그를 '뽀르뚜가'라고 부르며 마음을 열었습니다. 두 사람은 서로의 이야기를 나누는 진짜 친구가 되었습니다. 제제는 처음으로 자신을 따뜻하게 대해 주는 어른을 만난 것이었습니다.

하지만 행복한 시간은 오래가지 않았습니다. 어느 날 학교에서 제제는 뽀르뚜가 아저씨가 기차 사고로 세상을 떠났다는 소식을 듣게 되었습니

수능 1등급용 심화 해설

- 「나의 라임 오렌지 나무」는 가난과 학대 속에서 성장하는 소년 제제의 내면 성장을 그린 작품이다.
- 제제의 상상력은 현실의 고통을 견디게 하는 정신적 방어 기제로 작용한다.
- 이 작품은 어린아이의 시선을 통해 인간의 사랑과 상처, 성장을 섬세하게 보여 준다.

다. 제제는 큰 슬픔에 빠졌습니다. 그 웃음소리와 특이한 억양(抑揚, 말의 높
낮이)이 자꾸 떠올랐습니다.

제제는 이제 진짜 아픔이 무엇인지 알게 되었습니다. 그것은 몸이 아픈
것이 아니라, 가슴이 깊이 아린 느낌이었습니다. 아무에게도 말하지 못하
고 혼자 견뎌야 하는 슬픔이었습니다.

게다가 집 마당의 라임 오렌지 나무도 공사 때문에 베어지게 되었습니
다. 제제는 하루아침에 가장 사랑하던 두 존재를 모두 잃고 말았습니다.

그 뒤로 제제는 너무 일찍 철이 들었습니다. 세월이 흘러 어른이 된 제
제는 뽀르뚜가 아저씨에게 편지를 씁니다. 어린 시절 자신에게 사랑을 가
르쳐 준 고마운 사람에게 말입니다. 그리고 마음속으로 묻습니다. 왜 아
이들은 이렇게 일찍 철이 들어야 하는지 말입니다.

한눈에 보는 「나의 라임 오렌지 나무」

작가 소개

J. M. 데 바스콘셀로스(J. M. de Vasconcelos, 1920~1984)는 브라질 리우데자
네이루에서 태어났다. 가난으로 학업을 중단하고 농장 인부와 카페 종업
원 등 여러 일을 했으며, 그 경험은 작품에 반영되었다. 1942년부터 집필
을 시작했고『호징냐, 나의 쪽배』로 이름을 알렸다. 1968년 발표한『나의
라임 오렌지 나무』는 큰 사랑을 받아 세계 34개국에서 번역되었고, 그는

1984년 세상을 떠났다.

등장인물

- **제제** 상상력이 풍부하고 영특하나 꼬마 악마라 불릴 정도로 장난이 심해 가족에게 학대당하는 외로운 다섯 살 소년이다.
- **밍기뉴** 제제의 집 마당에 있는 라임 오렌지 나무로 제제가 밍기뉴라는 이름을 붙여주며 마음을 터놓는 유일한 친구. 제제의 순수한 상상력과 희망을 상징한다.
- **뽀르뚜가** 중년의 포르투갈 신사로 이름은 마누엘 발라다리스이다. 제제가 '뽀르뚜가'라 부르며 아버지에게서 느끼지 못한 사랑을 받는 인물. 제제에게 진정한 사랑의 의미를 알려준다.

핵심 정리

- **갈래** 현대 소설, 성장 소설
- **성격** 교훈적, 성찰적, 철학적
- **배경** 시간-1920년대/공간-브라질의 리우데자네이루 방구 지역
- **주제** -시련과 고난을 통한 성장

　　　　-아픔 속에서도 희망을 잃지 않는 인간의 힘과 진정한 사랑의 의미
- **특징** -작가 자신의 경험을 바탕으로 한 자전적 소설.

　　　　-어린이와 청소년뿐만 아니라 성인 독자들까지 아우를 수 있는 성장 소설.

-어린아이의 순수함과 상상력이 돋보이면서 동시에 성찰적이고
철학적인 내용을 담고 있음.

함께하는 인문학 수업 

「나의 라임 오렌지 나무」는 어려운 가정에서 자라는 다섯 살 소년 제제
의 성장 이야기입니다. 제제는 장난이 심해 마을 사람들에게 '작은 악마'
라고 불리지만, 사실은 누구보다 마음이 깊고 따뜻한 아이입니다. 동생을
위해 크리스마스 선물을 준비하고, 아버지를 기쁘게 해 드리려고 구두를
닦아 드리며, 자신보다 더 가난한 친구와 빵을 나누어 먹는 아이입니다.
선생님을 위해 교실 화병에 꽃을 꽂아 두는 섬세함도 지니고 있습니다.

　이사를 가게 된 제제는 친구처럼 지내던 박쥐 루씨아누와 헤어지고, 새
집 마당의 작은 라임 오렌지 나무를 만나게 됩니다. 그는 그 나무에게 '밍
기뉴'라는 이름을 붙이고, 아무에게도 말하지 못한 마음속 이야기를 털어
놓습니다. 밍기뉴는 제제의 상상 속 친구이자 외로움을 달래 주는 존재입
니다. 제제는 밍기뉴와 대화를 나누며 스스로를 위로하고, 점점 마음이
자라납니다.

　제제가 성장할 수 있었던 이유는 밍기뉴 때문만은 아니었습니다. 제제
를 믿어 주고 사랑해 준 사람들이 있었기 때문입니다. 특히 선생님은 제
제를 진심으로 아껴 주었습니다. 제제는 그런 선생님의 마음에 보답하기

위해 공부도 열심히 하고, 장난도 줄이면서 조금씩 성숙해집니다.

어느 날 제제는 마음속에 살고 있던 '작은 새'를 떠나보냅니다. 이 작은 새는 아이들이 아직 생각을 깊이 하기 전까지 마음속에 머무는 존재입니다. 하지만 아이가 자라 생각하는 힘이 생기면 더 이상 필요하지 않아 하느님께 돌려보낸다고 합니다. 제제는 이제 스스로 생각하고 판단할 수 있는 아이가 되었기에, 작은 새와 작별합니다.

제제에게 또 한 명의 소중한 사람은 포르투갈인 '뽀르뚜가' 아저씨입니다. 처음에는 그를 싫어했지만, 발을 다쳤을 때 도움을 받고, 매를 맞아 상처 입은 마음을 따뜻하게 안아 준 이후 두 사람은 깊은 우정을 나누게 됩니다. 뽀르뚜가는 제제에게 진정한 사랑과 이해를 보여 준 어른이었습니다.

그러나 행복은 오래가지 않았습니다. 뽀르뚜가 아저씨가 기차 사고로 세상을 떠났기 때문입니다. 제제는 큰 충격을 받아 한동안 앓아누웠습니다. 그리고 얼마 뒤, 밍기뉴가 꽃을 피우자 제제는 그 나무와도 헤어질 결심을 합니다.

가장 사랑하는 두 존재를 잃은 제제는 깊은 슬픔 속에서 누구보다 빠르게 성장합니다. 이 작품은 작가의 어린 시절 경험을 바탕으로 한 자전적 소설입니다. 어린아이의 순수함과 상상력, 그리고 사랑과 상실을 통해 성장하는 모습을 그려 내며, 세대를 뛰어넘어 많은 독자에게 감동을 전하는 작품입니다.

생각하는 힘 기르기

1. 다음 단어를 넣어 문장을 만들어보세요.

＊무기력 (無없을 무 氣기운 기 力힘 력) ⋯▶ 어떠한 일을 감당할 수 있는 기운과 힘이 없음.

 문장 연습

2. 「나의 라임 오렌지 나무」의 주제에 대해 적어보세요.

3. 제제가 마음속 '작은 새를 날려 보낸 것은 어떤 의미'를 담고 있나요?('함께하는 인문학 수업' 내용을 참고하세요.)

4. 만약 여러분이 제제의 가족이나 이웃이라면, 제제를 '문제아'라고 생각하겠습니까, 아니면 '이해받지 못한 아이'라고 생각하겠습니까? 작품의 내용을 바탕으로 자신의 생각을 구체적인 이유와 함께 적어보세요.

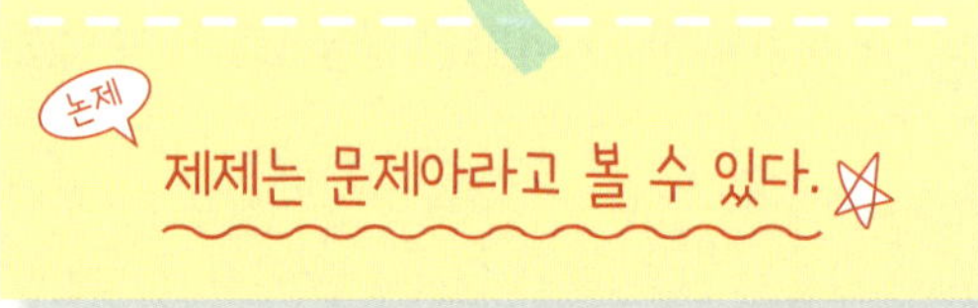

주장 제제는 반복적인 장난과 충동적인 행동으로 주변 사람들에게 피해를 주었으므로 문제아로 볼 수 있다.

근거

반대

주장 제제의 행동은 문제라기보다 사랑과 관심이 부족한 환경에서 나타난 모습이다.

근거